中国人民大学书报资料中心重要转载来源

CHINA TOURISM REVIEW 2019, NO.1

中国旅游评论：

2019第一辑

中国旅游研究院 主编

北京·旅游教育出版社

责任编辑：郭珍宏

图书在版编目（CIP）数据

中国旅游评论. 2019. 第一辑 / 中国旅游研究院主编. -- 北京 : 旅游教育出版社, 2019.4

ISBN 978-7-5637-3932-5

Ⅰ. ①中… Ⅱ. ①中… Ⅲ. ①旅游业发展—中国—文集 Ⅳ. ①F592.3-53

中国版本图书馆CIP数据核字(2019)第064847号

中国旅游评论：2019 第一辑

中国旅游研究院　主编

*

旅游教育出版社　出版、发行（北京市朝阳区定福庄南里 1 号）

各地新华书店经销

北京旅教文化传播有限公司

北京中科印刷有限公司

*

开本：787 毫米 ×1092 毫米　1/16　印张：9.25　字数：119 千字

2019 年 4 月第 1 版　2019 年 4 月第 1 次印刷

定价：45.00 元

ISBN 978-7-5637-3932-5

目　录

旅游大讲堂

旅游学人茶座

旅游需求与旅游者行为研究

旅游市场主体和产业研究

地方发展研究

旅游大讲堂

绘就文化和旅游融合发展的新蓝图

戴　斌

（中国旅游研究院院长、文化和旅游部数据中心主任）

首次全国文化和旅游厅局长会议1月3—4日在京召开。应中国旅游报之邀，戴斌院长撰写评论文章“绘就文化和旅游融合发展的新蓝图”，并发表在1月7日《中国旅游报》第一版。全文如下。

2019年1月3—4日，首次全国文化和旅游厅局长会议在京召开，文化和旅游部党组书记、部长雒树刚做大会主报告。这是一次凝聚共识、明确任务的工作部署会，也是绘就文化和旅游融合发展的新蓝图、指导全系统和全行业的发展动员会，必将载入共和国旅游发展史册。

会议摆事实、讲道理，最大限度地凝聚了文化和旅游系统的融合发展的思想共识。有了理论自信和理念认同，才会有持之以恒的道路自信和直面现实的探索勇气。大会主报告直面系统、行业和社会的现实关切，以习近平新时代中国特色社会主义思想，特别是习近平总书记关于文化和旅游融合发展的重要论述为指导，从思想上、理念上系统回答了为什么要融合、怎么融合、谁来融合的重大问题。

会议有态度、有数据，既从成就和不足两个方面解析了文化和旅游融合发展的现状，也明确了今后一个时期文化和旅游融合发展的方向和目标。在过去的一年里，文化和旅游系统识大体、讲奉献、有作为，文化事业、文化产业和旅游业的各项工作亮点多。在艺术创作出精品和公共文化出效能的同时，文化产业和旅游总收入均有两位数增长。市场基础更加稳固，市场主体投资创新更加活跃，法律、政策和标准为支撑的治理体系进一步完善，治理能力现代化上了新台阶。中央高度重视文化建设和旅游发展，习近平总书记先后19次出席对外文化和旅游活动，更加坚定了文化和旅游融合发展的信心和勇气。

会议也不回避融合发展的理念有待深化、顶层设计有待加强、公共服务效能有待提升、服务品质需要进一步规范等现实问题。坚持以人民为中心，有效释放旅游消费潜力，着力培育文化创意、科技应用等旅游产业发展的新动能，千方百计提高人民群众的旅游参与感、获得感和幸福感。

会议确定方向、明确任务，绘就了新时代文化和旅游融合发展的路线图。围绕融合发展的阶段性中心工作，明确了“宜融则融、能融尽融；以文促旅、以旅彰文”的工作思路，强调守住意识形态和安全生产两条底线。在深化学习的基础上，从理念、职能、产业、市场、服务、对外和对港澳台等六个方面，向全系统和全行业发出真融合、深融合的号召。具体到 2019 年的任务，会议从深化学习、提高质量、提升效能、传承保护、优化环境、丰富供给、加强监管、深化改革和加强保障等方面做了具体的部署。在地方机构改革顺利推进的今天，内容丰富又有可操作性的工作部署无疑是下了一场及时雨。

在强调理念共识和统一部署的同时，也充分考虑了各地区、各行业、各企事业单位的特殊性，强调尊重规律，特别是文化和旅游既有可以融合的一面，也有各自相对独立的一面，坚决避免片面强调特殊性和完全忽视特殊性的这两种倾向。为此，要因地制宜，坚持实事求是，走特色化发展和差异化发展的道路。要坚持稳中求进，对融合的程度和效果要靠时间来检验。要鼓励创新，基层和一线的同志要积极探索，敢于摸着石头过河，从实践中找到文化和旅游融合发展的有效路径。为此，我们需要继续解放思想，来一场文化和旅游系统的改革开放创新发展的思想大讨论，让文化建设和旅游发展看得见、摸得着，让更多的公共服务和品质提升为人民所共享。这是国家机构改革的要求，也是时代发展的重托。

文化和旅游融合发展的蓝图已经绘就，号角已经吹响，接下来就是要一张蓝图绘到底，撸起袖子加油干，以优异的成绩向中华人民共和国成立 70 周年献礼！

旅游学人茶座

关于旅游与文化的断想

刘德谦

（中国社会科学院旅游研究中心）

断想之一

关于“旅游”与“文化”的关系，追溯起来，实在是很有趣的。大家都知道，现代汉语中在说到“旅游”时有一个“观光”的概念，其所指的，是旅游中的以观览作为核心的一种目的取向。而在先秦时代，“观光”一语却一度是人们对“旅游”概念的总称。即使在现代，在我国的台湾地区和香港地区，以及深受中国文化影响的日本，“观光”一语却是可以用来统称“旅游”的。

“观光”一语源自《周易》“观”卦的“六四：观国之光，利用宾于王”①。由于先秦时代的观光活动多为君王青睐，所以“观光”一语的内涵，在先秦时已经远比后人们对“观”卦的理解丰富得多。在那时它所表达的内容，实际上已经细化为人们对于异国异地礼乐文化或政教风俗的观览与考察。那时最有名的“观光”活动，如鲁襄公二十九年吴公子季札到鲁国的“观乐”（观看欣赏《诗三百》的乐舞演出），鲁庄公二十三年鲁庄公到齐国“观社”（参观考察民间在“社日”举办的祭祀社神稷神的活动），以及“观腊”（观看和参加民间在“腊

---

① “六四：观国之光，利用宾于王”，出自《周易》的二十卦的“观”卦。“观”卦的六条爻线结构是“巽上坤下”，也就是说，它上面的三条爻线是八卦的“巽”卦，它下面的三条爻线是八卦的“坤”卦。“六四”指的就是“观”卦里自下而上的第四条爻线是“六”（即“阴爻”）。基于《周易》六十四卦中，每卦的最上面那条爻线（即自下而上的第六条线，名称是“上”）如果是“九”（即“阳爻”），往往它就意味着“上天”，因此，最接近它的那条爻线（自下而上的第五条线），则往往代表着除了上天之下最具威权的地位（于是有了“九五之尊”的概念），那么在“观”卦中自下而上的这第四条爻线呢，那就是地处王宫附近的“台观”（国宾馆），既享有崇高的位置，适合招待国家的贵宾，同时也有利于贵宾与王家的交往，观览与考察国家的礼乐文化和政教风俗。

日”或古“蜡祭”的庆丰收的节日活动）、“观祭祀”等。现在看来，那时这些观光活动的核心，实际就是文化旅游。

先秦时不仅有观光，作为实质性的旅游，还包含在君王的巡游（巡狩），臣民的游娱（游逸）、托志等的活动中，如果分析其行为的核心取向，“旅游”都是其中重要的因子；而在人们朝聘、朝觐、会同、出使、游说、游学、贸易等等的出行中，也都往往有着伴随类型的旅游。由于他们的行走都是这些活动中不可或缺的支撑，所以在秦汉及其随后的时期里，“游观”“游览”等语汇也就随之运用开来。

2018 年，国人因“文化和旅游部”的组建而传开了一个极富诗意的短语——“诗与远方”。如果就此细想起来，在中国的文化史和旅游史中，“诗与远方”的现象确实是由来已久的。如《诗经》里，就选入了不少唱叙旅游的民歌；汉赋的诸多篇章中也大量铺陈着旅游；魏晋时，不仅三曹都有吟咏旅游的佳作传世，更有以谢灵运为首的文人所创的“山水诗”这一旅游文学的诗风。谢灵运们正是有了去远方的旅游，才写了一系列的山水诗，而诗中所写的正是他们旅游的经历和感受。更值得注意的是，我国“旅游”一语的最早现身，就是在这个时期的诗中。

据目前已知的文献，“旅游”一语是出在“旅游媚年春，年春媚游人”的诗句中的。这首名为《悲哉行》的旅游诗，是南北朝时梁朝文学家兼史学家沈约的作品。

现在，也有文章和专著对“旅游”的这一语源有着不同的主张，他们提出了“旅游”一语是最先见于更早的曹植的《离友》诗的。其实这是一个源自版本异文和未及卒读《离友》全诗的误会。持论者提出的《离友》诗的“王旅游兮背故乡”，其实应该是“王旅旋兮背故乡”的误植。因为无论从版本学还是从诗前的“小序”或其下的两首诗来看，该诗确实是在夏侯威从邺城回谯县的时候，他的好友曹植为其辞行所写的离别感言。“小序”和其下的第一首诗，追诉的是那之前曹植随军在谯县时与年轻人夏侯威建立的深厚友情，所以在“王旅旋兮”（汉王的部队调动回到原驻地）时，在军中任职的曹植也不得不随军从谯县返回邺城（即诗中的“魏都”），此时，情意深深的夏侯威便“背故乡”，而“腰予行兮归朔方”。《离友》诗便是夏侯威在邺城小住后返乡时曹植的作品。诗中提及"王"和"旅"的，除了"王旅旋兮"外，还有诗前"小序"的"王师振旅"，这里的"王师"，指的就是当时属于曹操统领的汉王的军队，"振旅"就是集合部队，这正好呼应了后面"王旅旋兮"所说的部队的调动。此外，该两首诗和诗前的"小序"中，都没有任何地方再提及汉王或魏公（即曹操，亦即后来的魏王），更没有他们的任何"旅游"活动。

至于当今"旅游"的概念，笔者曾经在《"旅游"与"tourism"的概念探问》等文中，对其有所辨析。如结合着全球在使用"tourism"时的共识，那么它所指的首先应该是一种业态，进而更指人类出行所引致的一种社会现象。诸如格德纳和里奇在其《旅游学》（*Tourism: Principles, Practices, Philosophies* 的修订第 12 版）中所表述那样，"是由旅游者、吸引并接待其来访的旅游供应商、旅游接待地政府、旅游接待地社区，以及当地环境等所有各方之间的关系与互动引发的各种过程、各种活动及其结果。"如果仅就旅游者的出行动机与活动而言，笔者认为，那应该是他们"在异地的发现、体验和交流的活动"。

笔者这里关于旅游者旅游活动的看法，是由来已久的，它与我早年和当前人们习惯阐述的"旅游是人们在异地的体验活动"有较多的差异。其一，是它这里要判断的主体（即"定义判断"中的"被定义项"）不是"旅游"的全部，而只是"旅游者"的"出行动机与活动"；其二，是这里用以说明它的事项（即"定义判断"的"定义项"）却不只是"体验活动"，而是"发现、体验和交流"的三项内容。因为"体验"一词的核心内容，指的是"人们对已知事物的身临其境的感知或重新认识"，而人们在旅游活动中，却还有对此前未知的更多事物的新发现，同时还有作为其出行目的之一的各种各样的"交往与交流"（亦即世界旅游组织《旅游统计建议书》关于"旅游"三大概念中"for leisure，business and other purposes"中"business"所指的"商务与公务"内容），而且，除了这些"事务"目的之外，旅游者在其经行地和目的地常常与当地居民、与自己的旅伴，与其他各地来的旅游者，还有着更多的程度各异的交流，以及其他更为广义的突破时空的交流（包括"延时交流"）。

断想之二

大家都知道，近 40 年来我国的旅游业最先开拓的是入境旅游，那时人们最看重的是国家形象传播和赚取外汇收入；后来，基于国内旅游者的增多，一些经济研究者又发现了国内旅游消费还有回笼货币的效应。所以，许多年来，旅游的经济效益一直是旅游决策层第一关注的内容。

而在实际生活中，由于旅游的供给日益商业化引致的经行地、目的地服务供给与出行人行为的互动，尤其是 20 世纪开始的多种目的的大众出行，其对社会、经济和环境的影响更加凸显，再加之我国与国际接轨时对 Tourism 一词的普遍采用，以及我国《旅游学》教材对国外教材体系的参照，以至在相当长的时期内，对旅游的经济研究和市场研究，一直处在旅游研究的主体位置。

但是，这些现象并没有模糊住研究者的视野，而就 20 世纪我国旅游业发展的初期，视野广阔的于光远先生就已经明确地提出了“旅游是文化性很强的经济事业，又是经济性很强的文化事业”。后来，这一人们普遍关注的论述，得到了研究经济并通晓外语的申葆嘉教授的进一步阐述。他认为，旅游者的旅游，目的是为了得到精神生活上的某些满足；而旅游服务诸行业的目的，是为了赚取经济收益。他说：“旅游活动的运行，先由游客提出了有支付能力的需要，旅游服务诸行业才有可能提供相应服务。在涉及供需两方面关系的旅游活动中，需要方的游客，是这个活动的主导方，按照‘事物的性质以主导方的性质为准’的原则论定，那么旅游的性质只能是文化而不是经济。”于光远的说法，一语道破了旅游的构成；而申葆嘉的阐述，正是以旅游活动的主体进程对旅游活动的说明。

“文化”是一个十分宽泛的概念，在我们的生活中，它已经是现代汉语的一个常用词。有研究者认为，它的越来越广泛的使用，是与我国《现代汉语词典》、新版《辞海》和《中国大百科全书》给出的定义有着密切关系的。其实，《现代汉语词典》也好，《辞海》也好，《中国大百科全书》也好，它们在为“文化”撰写定义的时候，正是以人们当时对该语词的已有使用作为基础的。现在大家引述得较多的，是把“文化”定义为“人类在社会历史实践中所创造的物质财富和精神财富的总和”（广义）或“社会的意识形态以及与之相适应的制度和组织机构”（狭义）的认识。之所以是这样，应该说，首先还是与这个来自《周易》第二十二卦“贲（bì）”卦“彖（tuàn）辞”的“观乎天文，以察时变；观乎人文，以化成天下”的语源有着千丝万缕的关系。

如果仔细思考源自《周易》的“人文化成”的这一认识，那么可以看出，《周易》“贲”卦“彖辞”是把天地万物划分为了“天文”与“人文”两部分的。如果沿着这一思路去认识，是不是可能就会产生天下的人间事物都是属于“人文”的认识。

有趣的是，好像是存心与“贲”卦呼应似的，旅游学中对“旅游资源”的传统划分方法，也习惯于把旅游资源分成“自然资源”和“人文资源”。“自然资源”虽然不是天文，但却是老天赐予的。而祖先留下的“人文资源”，正是广义“文化”概念所说的人类所创造的物质财富和精神财富的总和。同样有趣的是，联合国教科文组织在《保护世界文化和自然遗产公约》指导下通过《名录》所认定“世界遗产”，包括“世界文化遗产”“世界文化景观”“世界自然遗产”“世界自然景观”“世界自然文化双遗产”，以及后来的“人类口述和非物质遗产”，其在第一层级的总体认知上的“自然遗产”与“文化遗产”的两分法，也似乎与传统的旅游资源的两分法同出一辙。这种对天下事物的两分法，实际就是“文化”的广义概念之所以被广泛传播的根源。

但是，人们在对自己社会生活的关注中，又常常把它划分为经济、文化、政治三个基本领域。这一得到普遍认可的“三分法”，既使得来自“人文化成”的“文化”有了与“经济”“政治”分割的新边界，又比我国某些辞书将“人文科学”等同于“社会科学”的“人文”窄了许多。

如果暂时离开形而上的“文化”来看社会实体，那么现代国家的管理更使得“文化”具体了许多。在现今的国家中，为了使得国家管理的职能分明，大都在政府行政管理下设置了十多个或二三十个“部”（或称“省”或“大臣”）。在这些设置中，各国大都把社会生活的经济、文化、政治“三分法”作了更多的细化，把“教育”“科学技术”，以及“传媒”等从“三分法”的“文化”中剥离了出来，从而使得“文化”之所指更具体地偏注于老百姓的一般文化生活。其间最有影响力的，是 1946 年联合国的教科文组织（Educational，Scientific and Cultural Organization）的成立，从而在全球范围内对“文化”（Culture）的范围起到了一定的“固化”作用。

在国际交往中，这个源自古拉丁文动词的 cultus 的“文化”（Culture）一语，在中世纪英语中曾经只局限于对“耕地”“培育”等含义的表达；而现在，其词义已经比早年扩展了许多，它既指一个民族或群体的风俗习惯、行为和生活的方式（尤其是历史传承世代共享的生活方式，及人们彼此间的态度）与社会组织；又指描述、展示或表演的代表某一民族或群体传统或生活方式的文艺，如文学、艺术、音乐、舞蹈和戏剧等；亦指某一特定群体或组织中对某一事物的信仰和态度。而联合国教科文组织所关注的文化，以及各国文化部门主管的，其主体也正是其各国民众生活中有关文学、艺术、音乐、舞蹈、戏剧等这一方面的内容。如与我国辞书对狭义“文化”的释义比起来，我国有的辞书的释义，已经与之完全吻合（而另一些辞书的狭义释义仍然显得宽泛了许多）。

断想之三

“文化是旅游的灵魂，旅游是文化的载体。”这是现在人们常说的一句话。对旅游与文化的关系，这的确是一个相当精湛的概括；不过，如果细加讨论，也还有后一句话应该补充进来，那就是“旅游的灵魂不仅是文化，文化的载体也不仅是旅游”。如果要说“灵魂”，那么旅游的灵魂也还有人的行走与交通，也还有经济活动的运行。因为如果没有人的空间位移，旅游就不会存在；如果没有服务业的支撑，现代的大众旅游也就成了僵尸。看来，旅游的“灵魂”并不单一，也许在某种意义上更相似于中国旧话所说的“三魂七魄”。而文化的载体，如果从总体来认识，它首先应该是“人”和“物”，以及人们社会存在中的创新与传承。因为正是有思想的人把握和支配着人类的语言与文字，也支配着自己的行动与作为（包括使用工具去生活、生产与创造），这才会有精神文化和物质文化的产生。而旅游，仅仅是人们异地生活的一部分。

尽管如此，旅游与文化的这种互为表里的关系仍然是根深蒂固的。今年，国家机构改革推动组建的“文化和旅游部”的新格局，更将人们一直关注的文化和旅游的紧密关系进一步凸显了出来。现在，文化与旅游由表及里的血脉经络的关联正在推动着全社会对它们的深层认识和思考，这无疑将有利于推动文化事业、文化产业和旅游业融合发展。目前，业界和学界关注较多的是管理层面的“文旅融合”和“文旅如何融合”。对此，文化和旅游主管部门已经就其发展思路、具体要求和工作要点有了明确的部署，这里笔者不拟多言。

回顾前几年的旅游业界，其实也曾有过名为文旅结合的“文旅地产”“文旅综合体”的开发浪潮。细想起来，那应该是房地产商们在其发展遇到瓶颈时选择的一条借旅游来“突围”的举措。虽其在近些年的发展中也有一些绩效不错的先例，但是令人叹惋的例子也有不少。这种旅游开发与房地产开发过于亲密的现象，笔者在20世纪的《试论当前旅游开发中几个基本环节的错位》文中已经批评过，而且还引用了瑞士若泽·塞伊杜《旅游接待的今天和明天》一书的论述。

其实，并不是所有投资者和开发者都缺乏对当地居民、对旅游者的“真心”关注，但是“用心不够”往往却是显而易见的。这里，就不能不说到前面提及的文化与旅游融合的问题。2018年底，人们在总结2018年旅游小镇开发成功先例的时候，也提到了一些投入数十亿元却不成功的新开发项目，其中如“成都某某水乡”“武汉某某电影乐园”“宁波某某小镇”等等，其实它们大多属于“主题公园”类型的选择。主题公园，原本意在把国内外文化和生态的某种主题给以凝练，并以艺术化和科技化的技艺给以展现，以期用主题的塑造与创造性的参与使之更加富集更多内容与引力，以便为产业创造出前所未有的市场。如果从供给侧的理论来认识，文化与旅游结合的主题公园，其主题的选择、凝练及展现所体现出来的，便正是文化休闲和旅游供给侧创造新市场的过程。但是，如果一定要找出那些不成功的项目的“用心不够”之处，除了策划时对文化的思考过于单一之外，抑或正如笔者2016年在《旅游规划与设计》期刊的“圆桌会议”上发言《中国主题公园全面进入国际化竞争时代》所说的那样，“或者还在于区位与选址的失误、土地使用权的纠纷、主题与展演的错位、对市场需求估计得过于超前等多种原因，自然也还有资金链断裂、规划不切实际、主题凝练不当、项目陈旧单调、游客进出不便、环节连接脱扣的问题，以及其他当初未曾料到的难题等”。如对照着前面提及的“成都某某水乡”“武汉某某电影乐园”“宁波某某小镇”等等的经历和处境，似乎今天的你我还在“重复昨天的故事”！所以，既然旅游不仅有文化的属性也有经济的属性，那么在项目认定时就必须有着市场与经营的细致研究与考量才行。

譬如“对市场需求估计得过于超前”的问题。据国家统计局的年度统计测算，迄今我国国内旅游者每年的平均人次总消费（包括行、住、食、游、购、娱）也没有达到1000元人民币（2015年为855元/人次，2016年为895元/人次，

2017 年为 913 元 / 人次），那么居民中能有多少家庭一年能够分出余钱来享受某些主题园区的高昂价格，即使客源城市中有少部分高收入者，那也考验着你的产品是否能够胜过国内高档休闲地或名胜古迹，是否能够胜过漫游世界对他们的吸引力。

有人说我们的主题公园具有战胜迪士尼乐园的能力。这理当是我们应该努力去培育的。但关键之处还不在于你拥有多么雄厚的资本，而更在于你如何创造出你的产品。如何用文化与旅游更恰当结合去创造对客源市场的适应力。

譬如，全球各地的迪士尼乐园现在已经各有特色，但却都千篇一律地在中心地带建起了欧洲古城堡。值得注意的是，它并不追求风格的创新或名家的设计，但却都载着欧洲的文化，而且更是它招揽游客前来的品牌引力，它除了可以成为每日烟火表演的衬景外，而且里面还装着孩子们喜欢的“美女”，更有装在孩子们心中的《白雪公主》《灰姑娘》《睡美人》这些体现欧洲文化的童话故事。我们某些主题公园的大兴土木，是不是也有类似的精细策划呢？如此等等，都是值得我们再思考的。

此外，还不能不提一下对利益相关者的利益分配问题。譬如说，如果项目主导方想要通过招商共同经营，那你就得先设计好园区的主题并有目标地去发现去挑选，这才能够真正形成园区的引力。同时还得有共荣的安排与让利的措施：一是首先得让土地使用和房屋的建设合规合法，不要试图做出夹生饭时再去转嫁困难和负担（包括必须认识到对摊位和店铺收取高租金的办法对商户的排斥性）；二是既要让商家有利可图又要严格监督买卖诚信与价格公道，因为商家的诚信就是你园区的生命（“宰客”的风波往往是致命性的）。

由此看来，一方面我们既要看到旅游发展不仅与文化有着千丝万缕的关系，同时也不要忘了旅游发展与经济运行的紧密关联。另一方面我们也不能不正视目前我国居民旅游消费的实际水平，因此在推动旅游与文化的融合中，还必须有重点地推动文化事业与大众旅游的更多融合。只有这样，我们才能够以文化旅游部的成立为契机，在加强对中国百姓文化需求调研和了解的基础上，以对文化和旅游领域再认识为基点，发展起更为多元多样适应于民众需求的文化旅游事业和文化旅游产业来。

旅游业的文化功能

王　尧，曾博伟

（北京联合大学旅游学院，北京 100101）

【摘　要】旅游业是社会、经济发展到一定阶段的产物，同时旅游业又反过来影响着社会、经济、文化。虽然旅游业对文化大发展大繁荣的重要作用已经成为社会普遍的认识，但对于旅游业究竟如何促进文化发展繁荣却缺少系统的思考和准确的表述。本文主要从四个方面探讨旅游业的文化功能，旅游业可促进文化交流，推动文化建设，促进文化事业发展，催化文化产业发育。只有正确认识旅游业对文化的影响，才能推进旅游业和文化产业的健康发展。

【关键词】旅游业；文化；功能

文化和旅游部的组建，使得文化与旅游的关系成为各方面关注的热点。与此同时，除了旅游的经济、社会、生态等功能外，旅游的文化功能也被提到前所未有的高度。在 2019 年全国文化和旅游厅局长会议上，文化和旅游部雒树刚部长明确要树立“以旅彰文”的理念，提出“旅游是文化建设的重要动力，是文化传播的重要载体，是文化交流的重要纽带”。按照这一思路，进一步思考旅游业对文化的作用，不仅有助于明晰旅游的文化功能，而且也有助于调整和优化旅游工作的方向。

一、促进文化交流

无论是国际还是国内，促进文化交流都是推动不同文化相互借鉴、相互吸

[作者简介] 王尧（1991—），女，北京联合大学 2017 级旅游管理专业硕士研究生，E-mail：2943226593@qq.com。曾博伟（1975—），男，北京联合大学旅游学院副教授，主要从事旅游经济与政策相关研究，E-mail：228580976@qq.com。

收、共同发展的重要途径。作为文化交流的主渠道之一，旅游业在这其中发挥了独特而又重要的作用。

（一）这是与大规模旅游经济活动相伴随的文化交流

自从文明开始诞生，文化交流就一直存在，但在现代旅游业没有出现之前的文化交流是相对零散的，同经济的联系也不太紧密。旅游业的发展，则以经济为动力，并通过经济的方式，极大地拓展了文化交流的范围。2017 年，全球过夜旅游者达到 12 亿人次。2018 年，国内旅游达到 55.4 亿人次，相当于每个中国居民年均出游 3 次以上；出入境旅游总数达到 2.88 亿人次，旅游总收入达到 5.99 万亿元。这其中，以文化交流为目的的旅游占了很大比例。可以说，在市场经济条件下，旅游业已经成为文化交流的重要渠道。

（二）这是民众之间的文化交流

从交流主体的角度看，可以划分为官方层面的文化交流和民间层面的文化交流。官方层面的文化交流发生在政府之间，往往通过公共财政支出，弘扬本国或者本地的文化。比如我国派遣文艺团体出国表演，在国外设立“孔子学院”等，都属于这一范畴。民间层面的文化交流则更多是自发的，是不同国家或者不同地区居民之间基于文化差异而进行的相互访问。旅游交流属于民间文化交流，这种交流与官方交流互为补充，推动了不同文化之间的发展。

（三）这是一种更深入、更持久的文化交流方式

旅游业推动的文化交流不是少数精英之间的文化交流，而是国民全方位参与其中的文化交流，这种文化交流不预设主题、不先入为主，是不同文化群体之间平等的交流。更为重要的是，这种交流是面对面的交流，是客源地和旅游地居民之间的互动式交流。因此，影响面更大，也更为长久。

二、推动文化建设

全面推进经济建设、政治建设、文化建设、社会建设、生态文明建设是中国特色社会主义伟大事业的“五位一体”的总体布局。如果从大文化的角度看，五个建设都属于物质和精神财富的范畴，即属于大文化所包含的内容。但是当经济、政治、文化、社会、生态文明建设并列的时候，文化建设一般指的是发展科技教育，加强思想道德建设等方面的内容，其根本目的在于形成全社会共同的精神支柱，为经济建设、政治建设、社会建设提供思想保证、精神动力和智力支持。需要说明的是，旅游业对文化建设的作用，主要不是依靠国家投入来实现，而是通过市场经济，主要依托游客自身的旅游消费达到了促进文化建设的目标，国家支持旅游业的发展，实际上可以用更小的成本，产生了更大的文化收益。从这个意义上讲，旅游业既推动了文化建设，同时也促进了经济建设。其中，旅游业对文化建设的作用突出体现在以下两个方面。

（一）旅游业对于形成和弘扬社会主义核心价值观具有独特作用

核心价值是一个社会共同认可和遵循的价值。推动形成核心价值对于一个国家持续健康的发展具有重要意义。比如在中国汉武帝之后的帝制时代，以儒家思想为主导的共同价值观对于中国的发展产生了深远影响。核心价值的形成除了教育，还在于国民通过现实的工作生活中去感悟、去印证、去实践。因此需要通过更多渠道去促进社会主义核心价值的形成。以旅游的方式形成的核心价值观不是僵化、填鸭式地灌输，而是通过柔性影响、自然渗透，春风化雨式地帮助人们在旅游过程中形成共同的核心价值观。比如，人们在游览了祖国的壮美河山和名胜古迹之后，很自然地会将对大好山川的热爱和对中国历史文化的热爱转移为对国家的热爱，而通过这样的方式形成的爱国主义价值观往往更为巩固和持久。再比如，游客在参加红色旅游之后，自然会对先辈革命和建设的历史有更深入的了解，由此形成的向上精神动力是其他教育方式很难替代的。

（二）旅游业对提高国民素质具有突出作用

国民素质包括身体素质也包括文化素质。而中国自古就有“行万里路，读万卷书”的说法。旅游可以开阔视野、增长见识，对于国民的身心发展都有很积极的作用。特别是对青少年而言，更多地参与到旅游中来，有利于其全面健康的成长。在国际上许多国家都支持年轻人开展游学活动，其看重的正是旅游业的这种突出功能。未来我国需要更好地发挥旅游业对提高国民素质的作用，推动文化建设。

三、促进文化事业发展

文化事业强调文化的公益性、公共性。公共文化需要政府来提供，因此这种文化基本上是免费的，或者是收费很少，带有优惠性质的。不过，文化事业虽然强调政府投入，但文化事业的根本目的是为了让更多人可以分享文化建设的成果，进而实现文化建设的目标。因此，只要有利于文化事业发展的方式都可以采纳。这也意味着，发展文化事业并不等于要完全排除市场的内容。如果通过市场机制的方式能够促进文化事业的发展，同样也应该将其充分地运用。发展文化事业中主要涉及四大任务：构建公共文化服务体系，发展现代传播体系，建设优秀传统文化传承体系，加快城乡文化一体化建设。而旅游业对这四个方面的文化事业发展都有不同程度的积极作用。具体表现在以下几个方面。

（一）旅游业扩大了公共文化服务体系的覆盖范围

公共文化服务体系建设属于公共财政投入的内容。既然是公共财政投入，享受公共文化服务体系的人越多，其文化投入产出的效率就越高。国家规定，文化馆、博物馆、图书馆、美术馆、科技馆、纪念馆、工人文化宫、青少年宫等公共文化服务设施和爱国主义教育示范基地要逐步向社会免费开放服务。一般而言，公共文化设施其享受的主体往往是设施所在地的居民。通过旅游业，可以引导更多外来游客享受当地的博物馆、美术馆、纪念馆等公共文化设施，有利于提高文化效益。

（二）旅游业拓宽了文化传播的渠道

现代传播体系的建设对文化事业具有重要的意义。按照一般的观点，传统媒体包括第一媒体报纸刊物、第二媒体广播、第三媒体电视，现代媒体包括第四媒体互联网和以数字杂志、数字报纸、数字广播、手机短信、移动电视、网络博客、桌面视窗等为代表的第五媒体。从传播的角度看，媒体即信息传播的平台，其中，信息的覆盖面、信息被接收的程度、信息传播的速度都是衡量媒体传播效率的重要标准。旅游在作为一种经济活动的同时，实际上也很大程度扮演了信息传播媒体的角色，从这个意义上旅游可以被视同为“第六媒体”。与其他五种媒体的不同之处在于，旅游传播信息的速度虽然相对较慢，但是旅游目的地信息传播的覆盖面却很大，此外旅游目的地信息的传播还是一个持久的过程，游客在这一过程中可以更深入地感知和消化信息。同时，旅游作为一种新的传播媒体，它是旅游者对旅游目的地信息的主动选择，具有很鲜明的互动式的信息传播特点，不像其他媒体只是由一方被动接收信息[1-2]。目前，社会普遍忽略了旅游在现代传播体系中扮演的独特角色，未来需要对此问题予以更多关注。

（三）旅游业促进了传统文化的保护与传承

目前对于旅游业促进传统文化的保护与传承的问题社会上存在不少的争议。特别是一些地区在盲目开发旅游业中对传统文化造成负面影响后，引发了社会广泛的关注，甚至把旅游业作为破坏传统文化的“罪魁祸首”。分析这种情况需要对几个问题做出回答。

其一，发展旅游业是否必然会破坏传统文化？虽然一些不科学的旅游业发展行为确实对传统文化造成了破坏，但其实对传统文化冲击最大的是工业化和城市化。较之工业化与城市化同传统文化的相互对立，传统文化与旅游业之间并没有本质的冲突。更为重要的是，传统文化是旅游业发展重要的依托对象，破坏传统文化其实就是破坏旅游业自身，因此旅游业从发展本身而言，必然要把保护传统文化作为发展中重要的内容。此外，差异化发展是旅游业发展的基本规律，各个地方只有更多地保留传统的多元文化、异质文化，旅游业才能更好地吸引游客，从这个意义上讲，旅游业具有保护传统文化的内在动力。

其二，发展旅游业对文化的保护与传承的机制是什么？与依靠国家投入进行保护和传承不同，旅游业对传统文化的保护与传承是在市场经济条件下，基于利益机制而实现的保护。在这个过程中，旅游业将利益机制传导给传统文化的传承者，通过经济动力促使其对文化进行保护和传承[3]。旅游业对传统文化的保护不是将其封闭起来的静态保护，而是以文化交流、互动的方式实现的动态保护，这种保护是基于发展视角的保护，其实更是一种与时俱进的保护。比如，山西的平遥古城，在旅游业没有发展起来之前，一直被视作当地政府的一个包袱，急欲将其拆掉。随着旅游业的快速兴起，地方政府和当地居民才意识到平遥古城是一个绝佳的旅游资源，因而自觉地强化了保护古城的动力。再比如，中国社会科学院研究员邓敏文在研究侗族大歌时特别提道：“如果侗族大歌不能与时俱进，就是死路一条。侗族大歌必须从侗族村寨走进学校，走进县城、州城、省城乃至国内外各大都市。当然侗族大歌在城市化进程中，千万不要遗弃它固有的生存基础——侗族村寨。如果没有这个基础，侗族大歌也会死无葬身之地。”从旅游业的角度看，侗族大歌要更好地保护和传承下去，除了“走出去”之外，还要“引进来”，这就是要通过旅游业形成一种良性的利益反馈机制，让留在侗族村寨的居民还可以通过向游客表演等方式来展示侗族大歌的魅力，而这也在一定程度上避免了村寨“空心化”，使侗族大歌“走出去”之后还能实现原居地的文化发展。

其三，如何看待发展旅游业过程中对传统文化破坏的现象？旅游业在发展过程中，确实存在因为规划、开发、经营不当对传统文化造成破坏的情况。造成这种情况的原因，是由于在发展旅游业过程中利益传导机制太强，同时又缺乏平衡和制约机制，因而出现旅游场所过分商业化，文化传承人为迎合游客将文化庸俗化、肤浅化等行为。要解决这一问题，关键在于找到旅游业发展与传统文化保护的一个平衡点。一方面通过示范引导，鼓励旅游业投资者和经营者在传统文化的保护和利用中实现旅游业的可持续发展；另一方面加大对旅游业发展中破坏传统文化行为的处理，建立和完善纠错机制，最大限度保护好传统文化[4-5]。

（四）旅游业可以促进农村文化事业的发展

城乡文化一体化建设的关键是要补上农村文化事业这一“短板”。发展农村文化事业，其落脚点在于提高农民的文化水平。这些年国家也在通过农村文化站、农家书屋等方式来加强对农村地区的公共文化服务。但除此之外，还有必要关注旅游业对农村文化事业发展的作用。这一点在许多乡村旅游业发展较快的地方有较明显的体现。比如，一些乡村旅游经营户通过接待城市游客，就不同程度提高了自身的文化素质和服务意识[6]。

四、催化文化产业发育

分析旅游文化产业的作用，首先需要对旅游业和文化产业做出区别。旅游业是为“食、住、行、游、购、娱”等旅游活动提供物品和服务的一组产业集合，文化产业是为社会公众提供文化产品和文化相关产品的生产活动集合[7]。虽然二者都是一系列产业的集合，但是旅游业实际上是从消费需求角度来衡量的一个产业，文化产业则是从消费供给角度来衡量的产业。由于二者各自从需求方和供给方来衡量产业，因此彼此之间存在一些交叉。但是旅游业和文化产业各自独立，并不是完全统一的产业。具体到旅游业对文化产业的作用，大体上体现在以下四个方面。

（一）旅游业促进了一部分文化资源的旅游化利用，使其转化为文化旅游产品

从旅游业的角度看，文化资源是旅游业发展的重要资源。但从文化产业的角度看，许多文化资源如果不借助旅游市场这个渠道，就只能是“养在深闺人不识”，不能成为可供消费的产品[8]。比如，过去许多有形文化资源，如古村、古镇等在没有发展旅游业之前仅仅是当地居民居住的场所。但是通过旅游业，这种资源很快走向市场，成为文化旅游产业的重要组成部分。同样，许多非物质文化遗产，也是在旅游业发展的过程中实现了自身的经济价值。

（二）旅游业延伸了现有文化产品的销售市场，进而扩大了文化产业的规模

最典型的例子是手工艺品。在没有旅游业的时候，许多手工艺品大多是在区域内进行小规模的市场交换。比如，苗族的刺绣工艺品，主要是在集镇上进行销售。随着旅游业的发展，大量的游客取代当地居民，成了这些手工艺品的主要销售对象。像云南大理鹤庆的新华村，每年向游客销售银器制品带来的收入就超过 1 亿元。

（三）旅游业的发展催生了一批全新的、面向游客的文化产品和服务，丰富了文化产业的内容

这其中最突出的现象是旅游演艺的崛起。近年来，许多直接针对旅游市场开发的演艺项目都取得了成功。比如，早期依托阳朔山水推出的实景演出“印象刘三姐”，至今还受到大量游客的追捧。而像张家界的“天门狐仙”、承德的“康熙大典”等也是从丰富外地游客夜间活动出发开发的新型文艺演出。这些演出增加旅游消费的同时，实际上也成了新的文化消费热点[9]。

（四）旅游业促进了一些文化事业单位转化为文化产业经营实体，为文化事业发展方式转变提供了新的路径

事业转换为产业，最重要的是要有足够的市场空间。市场越大，其转换也越容易。对许多文艺院团等事业单位来说，面向市场的方式一种是在本地演出，一种是去外地演出。但是除了少数优秀节目有较大的外出演出市场外，多数演出主要还是要立足本地演出。而本地演出最容易面临的就是当地居民消费能力不足的问题，这在一些中小城市更加明显，因此这就在很大程度上需要借助外地游客的消费才能保证其足够的市场容量。从这个意义上讲，将旅游业发展与地方文艺院团转企改制更好地结合起来，对于这些文艺院团的长远发展具有重要意义。

【参考文献】

[1] 郭学工.基于文化旅游产业视角下的文化传播理论研究［J］.新闻研究导刊，2017，8（24）：149–150.

[2] 王家洪.跨文化角度下的旅游文化传播——评《旅游文化与传播》［J］.新闻与写作，2018（1）：128–129.

[3] 王政军.乡村旅游与传统文化互相影响研究［J］.人文天下，2016（4）：55–58.

[4] 王如卓.旅游开发中的民族传统文化保护研究［J］.中国民族博览，2015（9）：57–58+67.

[5] 吴娟，甘永萍.传统民居保护与乡村旅游开发——以扬美古镇为例［J］.经济研究导刊，2015（25）：162–164.

[6] 赵艳.战略性文化产业与农村特色旅游业互动发展研究［J］.农业经济，2016（11）：42–44.

[7] 毕绪龙.推进文化和旅游融合发展要把握六大关系［J］.人文天下，2018（21）：2–5.

[8] 李晓.基于巴蜀文化的特色旅游文化资源研究［J］.乐山师范学院学报，2018，33（7）：68–72.

[9] 权辉.旅游演艺中的文化和旅游融合刍议［J］.艺术评论，2018（12）：14–18.

对城市、文化和旅游互动关系的思考

马聪玲

（中国社会科学院财经战略研究院副研究员）

文化总是和一定的族群、场域联系在一起的。而旅游活动则以位移为测度，因此谈文旅融合不能脱离地域要素。国家、城市、乡村、景区是文化和旅游融合发展的主要空间载体，脱离了空间载体的文旅融合，容易陷入大象无形的缥缈困境。现阶段，文旅融合发展固然对国家形象、国家软实力有所提升，但文旅融合发展的最终目的还在于服务广大人民的美好生活，其承载空间和重点区域仍然是在城市。虽则当前乡村地区作为国内旅游的主要目的地，以文化遗产、古村镇、创意酒店、民俗节庆活动等为代表的文旅活动频繁，但农村生产力水平低、内生需求小，这些活动无论从审美趣味、市场需求、产业发展等多个方面审视，仍然是以迎合城市需求为目的，以城市资本和人才为主导的。

文旅融合古已有之，而城市则是社会经济发展到一定阶段的产物。城市为文化发展提供了物质基础和空间承载，城市是文化的储存、传播和创新之所。一般认为，城市经济的发展为文化繁荣提供了良好的物质基础。随着城市对要素的集聚效应，分工和协作大大提升了生产效率，出现了有闲阶层的文化需求，同时经济繁荣也导致文化精神产品投入的增加，推动了城市中的博物馆、影剧院、艺术中心、图书馆等文化设施和服务的发展。但是，近些年来文化对城市的反哺作用越来越受到重视。文化在城市的诞生、城市的更新和城市的发展壮大中都扮演着越来越重要的角色。美国学者乔尔·科特金在《环球城市史》中认为，“神圣”“安全”和“繁忙”是城市的三大特征。如果说安全和繁忙针对了城市的保卫功能和经济功能的话，神圣则与城市的文化性密不可分。文化和旅游的融合发展往往还是城市有机更新的重要助推力。无论是老工业城市的转型，还是城市老区的有机更新，以工业遗产、文化街区为吸引物，以旅游为依托引入外来需求，激活城市特定区域，实现产业的更迭和升级，成为多个城市经济重新焕发生机的重要途径。特别是城市从区域中心向全国中心乃至全球性城市的成长过程中，文化也发挥彰显城市精神、凸显城市特色、进一步集聚人才和要素的重要所用。2002 年，英国《创意阶层的兴起》一书说明了文化创意产业对伦敦国际性大都市发展的重要作用。在后工业时代，城市对人才、资本、技术等生产要素的集聚能力成为城市竞争制胜的关键，而文化特色以及包容性则成为促成各类生产要素聚集的核心吸引力。

文化和旅游的关系则更为庞杂。文化通常是和民族、社群、本土等联系在一起的概念。它是一定的社会族群的物质表象与精神内在的整合。具体包括了族群的历史、地理、风俗习惯、生活方式、宗教信仰、文化艺术、规范、制度、价值观念等诸多方面。而旅游这一概念则从位移、时间和目的的角度来界定，对短时间离开常驻地以休闲娱乐为目的的活动定义为旅游（狭义概念）。因此文化是与本族群相关的、长期形成的、本土性的，而旅游则是其他族群的、短暂的、外来的。在旅游发展的历史中，文化是旅游最主要的动机之一，文化差异和文化吸引是旅游者进行旅游活动的主要动因。特别是民俗旅游、宗教旅游、遗产旅游等，更是文化含量很高的旅游活动。文化的本土性在于文化是本族群自得其乐的自觉行为，如果文化一旦以吸引外来需求、满足外来需求为目的，则会丧失其本真性，成为舞台化的表演，反而逐渐失去旅游吸引力。从另一方面看，旅游活动带来的人员交流、物资流动、产业发展也带动不同文化间的交流、融合甚至是冲突，因而旅游活动本身就是一种文化现象。每一次的旅游流动都会拨动文化的涟漪。在文化和旅游的互动发展中，以文化带动旅游发展，以旅游彰显和传播文化，形成文旅相互促进的正向循环，无论在世界旅游发展还是我国旅游实践中都有很多成功的案例。例如遗产地通过旅游方式实现了保护和利用的平衡，走上了可持续发展的道路，濒临灭绝的非物质文化遗产因旅游需求而得到复兴。但是，仍然不容忽视的是，在旅游和文化融合发展中，也存在很多文化冲突、文化变迁的负面案例，例如过度旅游问题、旅游带来少数民族文化的快速变迁、道德水平的堕落、传统家庭观念的丧失等。因此，在文化与旅游互动发展中，如何促进正向循环而避免掉入反向循环，就尤其值得深思和警惕。

既然文化和旅游作为人的精神需求密不可分，并且长久存在。当我们热烈地谈论的文旅融合问题，我们是在谈什么？是文化和旅游的活动层面？事业层面？产业层面？还是治理体制层面？从活动层面来看，旅游活动即是文化活动；从事业层面看，公益类的文化和旅游产品都是构成社会福利的一部分，具有准公共物品的属性；从产业层面看，文化产业和旅游产业在我国都不过40年的历史，各自形成了庞大的产业体系和产业规模。根据国家统计局发布的《文化及相关产业分类（2018）》中关于文化产业9大类、43个中类、146个小类的划分，其中文化娱乐休闲服务同旅游业的诸多领域都存在交叉重叠。而文化投资、文化传播、创意设计等和旅游业各个产业环节在未来仍然有很大的融合空间。经过40年的发展，当前我国36项世界文化遗产（4项世界文化和自然双遗产）、1372项国家级非物质文化遗产、4296处国家重点文保单位，135座历史文化名城、具有文化保护价值的2000多个古村镇等都成为发展旅游的主力军。而主题公园、实景演艺、大型演出、民俗节庆、主题酒店等作为文化和旅游融合而生的新业态也异军突起。从体制层面来看，旅游和文化分属不同部门管理，2018年机构改革中最终走到了一起。1982年国务院机构改革经合并文化部、国家出版事业局、国家文物事业管理局、外文出版发行事业局而组成中华人民共和国文化部，直到1998年设立文化产业司，文化产业的发展才由民间走向政府主导。1982年，中国旅行游览事业管理总局更名为中国国家旅游局，设立之初就是政企不分，直到1998年政府机构改革和政企脱钩，国家旅游局才开始将工作重心转移到行业管理上来。

在当前语境下再议文旅融合问题，有非常具体而深刻的含义。当前的文旅融合就是要通过文化旅游治理体制的重新调整和梳理，打破日益固化和条块分割的体制藩篱，促进文化和旅游事业、文化和旅游产业在技术、市场、资本、服务、产业链条上的整合与重塑，一方面破除旅游产品文化含量不足、文化浅层次开发、文化品位不高、文化附加值低、消费方式不文明，以及传统文化机构运营困难、市场化经营水平低等问题。通过提供更多的文化含量高的旅游产品，助力实现人民美好生活。另一方面也着眼于旅游作为现代生活方式的教育功能和传播能力，促进旅游消费中的文化承载、文化传播和文化输出，弘扬主流价值、提升中华文化的辐射力。

长久以来，旅游都是关系民生和日常生活的“小事”，即便在一定的历史时期，旅游助推了国家战略的实现，但终究还是因为旅游具有生生不息的民生基础，才得以上升为国家战略。而文化包罗万象，具有非常广阔的内容，历史学家汤因比认为文化可分为制度层面、器物层面和观念层面。而当前我们谈文旅融合，亟须思考文旅融合的边界在哪里？哪些可以融合？哪些不能融合？切忌一窝蜂，一刀切。要细致分析文旅哪些已经融合？哪些尚待融合？哪些是公共产品？哪些是私人产品？还有哪些制约融合的体制机制壁垒需要打通？遵照文旅融合的十六字方针“宜融则融、能融尽融，以文促旅、以旅彰文”，找到当前文旅融合的突破口来因地制宜地推进。

特别是在当前国际国内经济宏观经济环境背景下，促进文化和旅游消费在城市场景中的快速释放具有更现实的意义。2018 年 12 月召开的国内经济工作会议对 2019 年的经济任务连用六个“稳”字，并指出我们面临着百年未有之变局。在教育、养老、医疗之后，即提到旅游和文化消费问题。可见 2019 年促进文旅融合发展，进一步释放国内文化和旅游消费需求潜力，也是保持我国经济持续稳定发展的动力。截至 2016 年末，我国城市数量达到 657 个，在城市这个空间载体范围内，主题公园、游乐园、历史文化街区、博物馆、影剧院、城市公园等已经成为文旅融合发展的重点领域。当前各省市的文化和旅游管理部门纷纷组建，文旅融合发展的治理体系已经初步形成。城市层面的文旅融合需要围绕三个方面拓展。第一，引入旅游这个外部需求，推动公益类文化机构、文化设施的市场化运营，提升这类准公共产品的供给水平和供给效率，扩大旅游消费场所和空间，增加旅游的公益水平，增进人民福祉。第二，推动文化产业同旅游产业链条各个环节整合与重塑，实现价值增值。例如演艺、影视、传媒、出版、设计对旅游产品、服务、娱乐、营销、旅游商品等环节的渗透，为本地居民和旅游者提供更为细致、丰富、立体、多元的文化体验。第三，关注城市消费潮流和消费文化。城市消费文化的兴起会蕴含了很多新的物质和精神诉求，也催生了越来越多的新业态，蕴含巨大消费潜力。例如汽车文化的兴起和演变，汽车竞技文化、越野文化、旅居文化、休闲文化的兴起，人们对不同车型的需求更为专业和细分，并催生了与此相适应的汽车制造、旅游休闲服务、赛事服务等多个行业的兴旺。因此，每一次大规模消费升级的前提都是文化的悄然变迁。而文化赋予产品以个性、内涵、价值观，则大大拓展了消费的广度和深度。

文旅融合助推都市旅游高品质发展

于秋阳

（上海社会科学院应用经济研究所，上海 200020）

都市是城市发展的高级阶段。其本身也作为一种综合性的旅游资源，它既是现代城市文明成就的综合体现，也是全球化背景下文化互联互通的重要窗口和形象载体，蕴含着强烈的时代特征和巨大的市场价值。18 世纪下半叶，工业革命的兴起促进了西方国家人均收入的提高和居民闲暇时间的增多，巴黎、伦敦、柏林、罗马等地出现了“都市旅游”[1]的雏形，并逐渐发展成为“以大都市人文、自然及社会资源为载体，以都市文化、都市商贸和都市景观为吸引物，集观光、休闲、度假、商务、会展、演艺、节庆、赛事等于一体的综合性旅游体验产品”[2]。国内“都市旅游”的概念自 1997 年由上海首次提出，历经 20 余年其发展内涵和外延更为丰富，正逐渐步入谋求更高品质的发展阶段。

一、文旅融合引领都市旅游高品质发展转向

1. 从都市旅游到高品质都市旅游

随着城市化进程的推进，大都市（Metropolis）的旅游接待和集散功能也不断增强。依托特有的商贸和市场资源，具有影响力的旅游项目、活动和企业总部开始在都市集聚，形成了旅游产业化发展的高地，都市旅游产品丰富化，产业规模扩大化、产业链条延伸化、产业功能复合化的趋势不断加强。但与此同时，在新一轮城市更新和存量优化的背景下，都市旅游业在旅游资源、旅游空

[作者简介] 于秋阳（1981—），女，山东济南人，经济学博士，应用经济学博士后；上海社会科学院应用经济研究所副研究员、硕士生导师，文化与旅游研究中心副主任。研究方向为旅游产业经济与发展规划、文化创意产业，E-mail：qyyu@sass.org.cn。

间、旅游环境、公共服务等方面也不断暴露出发展瓶颈，为更好地满足民众日益增长的对美好生活的向往，都市旅游也亟待破解“发展不平衡不充分”的新矛盾。

都市旅游的“高品质”发展基于“优质旅游”[3]发展理念的核心要义，即倡导旅游业从“有没有”转向“好不好”，从高速化、规模化增长转向优质化、内涵式的发展道路，从传统旅游转向“产品优、服务优、效益优、结构优、管理优”的品质旅游，是旅游业“推动高品质发展，创造高品质生活”的重要体现。

2. 文旅融合是都市旅游高品质转向发展新驱动力

随着都市产业由粗放型向集约型转型级，都市旅游的发展也逐渐跨越了要素驱动和投资驱动，步入创新驱动的新阶段。文化与旅游融合的核心在于，通过文化元素的注入、文化内涵的提炼与文创手段的演绎来优化旅游产业结构，延伸旅游产业链条，提升旅游产业附加值。作为内生性增长的新驱动力，文化的创新性、渗透性、高增值力、强辐射力和高科技含量的特征，将颠覆传统的发展模式，并为都市旅游注入持续生机。同时，文化所强调的鲜明特色和底蕴内涵也将成为聚焦旅游者视线（Tourist Gaze）[4]的重要资源，有助于满足旅游者的新消费需求，从而通过凝练“文化软实力”实现都市旅游从“量变”到“质变”的新突破。

二、文旅融合助推都市旅游高品质发展的四大路径

1. 讲好都市故事，重塑都市特色文化符号

特色就是生命力。借助文化理念与手段，深入挖掘都市的个性元素，多样化地呈现其内在特质，以创意制胜实现错位发展并形成独特的都市名片，将成为都市旅游内生增长的新驱动力。从当前来看，通常都市旅游所辖的中心城区内名人故居、历史建筑等文化性旅游资源众多，客流集聚，而文化注入的功能则在于活化都市的文化遗产，通过文化性、艺术性的创意和科技化、多元化、工匠化的演绎手段来形成都市品牌与形象统一的品牌 IP，并在文化体验、旅游热点、地标建筑、特色产品、商业场所、活动情景等环节中不断强化这一文化符号，通过重塑“原产地符号”和“地标性吸引物”，将本土化的经典性、唯一

性和都市化的前沿性、引领性叠加。例如，上海为进一步挖掘和演绎上海百年历史故事，展示上海文化和城市形象推出了“建筑可阅读”导览，即在城市地标建筑、优秀历史建筑资源设置建筑导览二维码和VR全景导览，形成了“可听、可看、可读”的开放式城市博物馆，通过“阅读建筑”的都市旅游精品塑造上海文化故事传承展示的新载体、新窗口。

2. 回归需求本位，提升都市旅游供给品质

2017年我国居民恩格尔系数为29.3%，城镇居民的发展型、享受型消费占比不断攀升，消费升级步伐加快。随着都市消费者“需要层次”的不断升级，都市旅游的供给重心也亟待从硬件设施建设和极大丰富的特色商品转向对消费者的多元体验需求的满足。即从“需求本位”出发，运用文化的力量与消费者建立高附加值的情感共鸣。在城市新中产阶级的引领下，降量提质的“品质消费”成为消费主流，“原创、精致、体验”等将成为市场重点[5]。根据2017—2018年黄金周都市旅游消费热点的统计[6]，都市旅游消费加速呈现个性化、品质化、体验化的发展趋势，消费过程中文化娱乐支出的增幅最为显著，更倾向于“文化地标”“文化符号”等具有本土文化内涵的特色载体，并热衷于兼具时尚潮流与怀旧复古元素的消费环境、情感氛围和全域化、沉浸式体验。在此趋势下，文化游、民俗游、民宿与特色小镇、文创型博物馆等融合性业态受到热捧[7]。发源于英国伦敦的Citywalk在巴黎、罗马等国际大都市中流行已久，如London Walk（伦敦漫步）已历经50余年并成为文旅融合的经典产品，这一微旅行线路形式近年也正成为国内都市文化旅游的新热点。通过将都市的百年故事、多元文化与市民生活元素融入街区，使得游客在街区漫步中获得对都市人文魅力的原真性、深度体验。

3. 凸显场所精神，优化都市旅游空间氛围

场所精神的核心为空间“生产性”，促使都市旅游环境从静态、被动的物质空间转向可感知、可联想、可体验的多维圈层，将“场所特色”转化为动态化感知，尤其注重通过旅游活动中人的感知与情感诉求来塑造活动场所中的功能性和非功能性空间。场所精神的挖掘与表达有赖于文化与旅游融合过程中的“活态化倾诉”[8]，包括对都市旅游特色文化的符号化凝练，对特色建筑和街区风貌的主题化设计和塑造更新，以及对特色市民生活元素的创意化表达。如韩

国首尔的首尔路 7017 空中花园（seoullo），将始建于 1970 年并已废弃的高架桥在 2017 年改造为一座生机勃勃的空中城市植物园，向公众展示了韩国自然遗产的精华，不仅拓展了都市立体公共空间，而且进一步彰显了首尔的都市旅游所倡导的“绿色、友好、互动”理念。再如以追溯乡愁为特色的上海金山嘴，通过穿越时空、跨越点缀的方法再现了渔民的生活和渔村的演变过程；通过对渔民生产生活场景的真实还原和游客的现实体验，让游客体会到原汁原味的都市乡村生活文化。

4. 注重主客共享，彰显都市旅游价值关怀

都市旅游作为“全域旅游”的最佳实践，其服务体系不仅包括城市公共服务的各个方面（如交通、安全、信息等），更需要充分利用都市良好的公共服务设施基础，充分考虑都市旅游活动中的个性化、特殊性需求，不断促进旅游公共服务的品质化、便捷化和智慧化。文化与都市旅游的融合，一方面通过创意设计促进都市基础设施和公共空间的便捷化和共享化，如地下通道、旅游厕所、残疾人标识、垃圾桶、手机充电装置等细节，体现面向居民、旅游者等不同群体全面化、全方位服务考虑；另一方面，通过软性元素的融入体现都市旅游的以人为本，如文化特色型书店、互动体验式购物中心、创新创意化旅游标识和智慧系统等。不仅是当地居民的重要休闲场所，也成为吸引外来游客的文化性地标，从而进一步通过高品质、有温度的公共服务和友好、有序、优质的文明环境来凸显都市旅游特有的人文关怀。

【参考文献】

[1] Stansfield CA. A Note on the Urban-nonurban Imbalance in American Recreational Research [M]. Tourist Review，1964.

[2] 刘住，樊小兰.都市旅游研究：多维透视与发展模式 [J].旅游学刊，2008，23（1）：26-29.

[3] 国家旅游局.五大路径助推优质旅游发展 [EB/OL]. http：//travel.news.cn/2018-01/08/c_1122226918.htm，2018-01-08.

[4] 赵玉宗，潘永涛，范英杰，等.创意转向与创意旅游 [J]. 旅游学刊. 2010（3）：69-76.

[5] 搜狐网.波士顿咨询联手阿里巴巴发布报告《中国消费新趋势：三大动力塑造中国消费新客群》，2017-05-23，EB/OL http：//www.sohu.com/a/153655471_483389.

［6］于秋阳.如何让黄金周不沦为黄金粥：休假时长扩容与带薪休假制度改革仍是破题之计［N］.解放日报·上海观察，2017-10-09.

［7］于秋阳，冯学钢.文化创意助推新时代乡村旅游转型升级之路［J］.旅游学刊，2018（7）：3-6.

［8］Friedmann J.Place and Place-making in Cities：A Global Perspective［J］.Planning Theory & Practice，2010，11（2）：149-165.

从文化的结构和特征看文旅融合的路径

翟慧敏

（中国旅游研究院，北京 100005）

2018年3月，中华人民共和国文化和旅游部批准设立。随之，各省（区）、市文化和旅游厅陆续挂牌。推进文化和旅游融合发展是新成立的文化和旅游机构的重要工作。为此，文化和旅游部明确了“能融则融、宜融尽融、以文彰旅、以旅促文”的工作思路。思路确定了，但是文化和旅游到底应该怎样融，学界和业界的理解则不尽相同。本文拟从文化的结构和特征出发，去探析文旅融合的路径，希冀对我国的文化和旅游融合发展有所启示。

一、文化概念：见仁见智

文化是人类社会特有现象和存在方式，也是人文社会科学研究的重要内容。很多学科，例如哲学、社会学、民族学、人类学、历史学、语言学等都从各自学科的立场和观察视角出发，去看待和解释人类社会现象，提出了不同的文化概念。有些学者认为文化是一个包罗万象的复合整体，包括知识、信仰、艺术、法律、道德、风俗，等等；有些学者认为文化是一系列规范、准则、行为模式；还有些学者认为文化是不可见的价值观、信仰和世界观。此外，还有符号说、限定说、广义说、狭义说、领域说，等等，不一而足，文化的定义可谓不胜枚举。据不完全统计，文化的定义有200多种。在这么多种文化概念中，怎样遴选和提炼出对文旅融合有用的文化阐释至关重要。

其实，上述文化概念本身无所谓对错，而且它们之间也不是相互排斥，而是相互补充的。所以，在人文社科领域对于像“文化”这样的概念，其实我们根本

[作者简介] 翟慧敏（1981—），男，河北石家庄人，法学博士，中国旅游研究院博士后。研究方向：文化和旅游融合发展、文化生态旅游、生态民族学；E-mail：zhaihuim@126.com。

无法准确地给出一个放之四海而皆准的定义。笔者认为，应该尽量避免对文化下一个言之凿凿的定义，而是要重点梳理这些文化概念的内容，对其抽丝剥茧、分门别类，以此来剖析文化的结构，归纳文化所具备的特征，框定文化研究的基本范畴。如此，我们才能切实可行地抓住文化的“筋骨”，同其他学科进行结合研究。文旅融合的研究也理应遵循此法，否则就难以找出头绪，无从着手。

二、从文化的结构看文旅融合的路径

综合各种文化概念的内涵，不难发现，文化是有结构的，至少包含三个层次：物质文化、制度文化、精神文化（见图 1）。物质文化是人类生活方式的具体存在，如建筑、服装、饮食等；制度文化是在思想观念的影响下形成的各种节日、各类风俗和约定俗成或成文的制度等；精神文化是指一个民族的信仰、道德、思维方式和价值体系等，是一种深层次的文化。

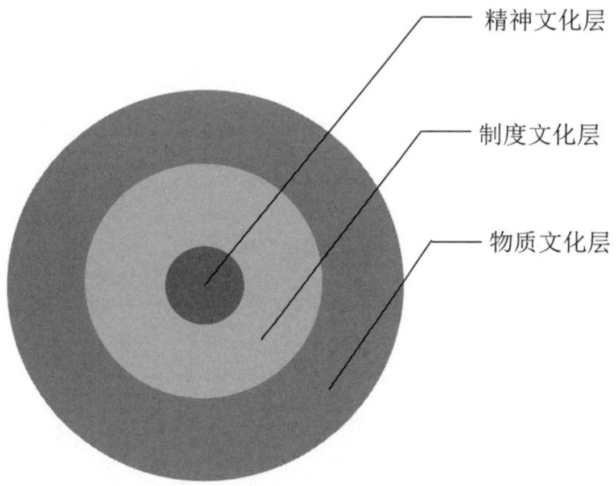

图 1　文化结构示意图

（一）物质文化：首要开发

物质文化处在文化结构的表层，但其并不是文化的本质和内容，甚至不是文化本身，而只是文化行为的产物，同时也是文化的载体。所以，在旅游资源开发的过程中，物质文化可以作为首要的开发对象，但是这种开发也不能随心所欲，而必须要有文化精神的传达。例如，民族地区的民族成员穿戴的服饰和头饰，就可以开发为旅游产品。在开发的过程中，饰品的材质可选用现代化的材质，但服饰和头饰的形状、图案则不能随意更改。因为它们体现着一个民族的思维方式、信仰、价值观、审美观，甚至蕴含着对民族成员的宣教功能。故宫文创产业的成功、文创产品的热卖就是在这个层面一个文旅成功融合的典型案例。同理，文化遗址和遗迹也可以在精神文化的引领和指导下，对其进行复原、展示和体验，开发为旅游产品；对饮食文化的开发亦是如此。

（二）制度文化：适度开发

制度文化处在文化结构的中层，在旅游开发的过程中可以适度开发，但切记不宜大规模、高频率地开发。以节日为例，泼水节是傣族、阿昌族、布朗族、佤族、德昂族等民族的传统节日，常态下只有每年的 4 月中旬才举办一次，其本身是很好的节事旅游资源。但是在调研过程中我们发现，泼水节被过度开发的现象屡见不鲜，屡禁不止。有的地方为了吸引游客，天天举办泼水节，有的地方张冠李戴，盲目采用“拿来主义”。结果，本来是很好的节事旅游资源的泼水节被过度消费，甚至被搞得臭名昭著。近年来新闻报道中曝光的泼水节中的乱象值得我们反思：泼水节的神圣性，其所蕴含的信仰、价值观、学术价值本来是吸引游客的制胜法宝，但是上述做法却南辕北辙，得不偿失，不但破坏了当地的文化生态，使泼水节所蕴含的精神文化在当地民众和游客的心目中逐渐消失殆尽，还在游客群体中产生了不良的影响，甚至逆反心理。所谓“皮之不存，毛将附焉”，破坏了当地的文化也就意味着阻碍了当地旅游的发展，使得文化和旅游两败俱伤，不但没有实现两者的有机融合，而且使两者渐行渐远。

笔者在近些年来的调研中发现，上例并非个案，类似的案例非常普遍，尤其是在民族地区，更是不胜枚举。当节事和习俗沦为一种日常为游客进行展演的商品，成了“家常便饭”，其旅游价值势必就会大打折扣。

理论研究和现实调研告诉我们，制度文化是方式和手段，是文化得以延续的保障，它为文化的持续发展壮大保驾护航。物质文化在它的保障下得以产生、再造、发展和创新，精神文化在它的保障下得以彰显和传承。在文旅融合的大背景下，文化显然是核心的旅游资源，对它的保护至关重要。所以，怎样有节、有制、有序地对制度文化进行合理开发，值得我们每一个文旅人深思。

（三）精神文化：不可逾越的红线

精神文化处在文化结构的核心层，是文化的内核。精神文化决定了一种文化之所以是其本身而不是其他。因此，对精神文化的旅游开发，一定要慎之又慎。开发不当就会伤及文化内核，轻者导致该种文化的消亡，重者甚至会导致文化精神的扭曲，价值体系的崩坍、审美情趣的低俗、道德滑坡甚至沦丧等，将危及国家和民族命运。

以对联为例。对联也称楹联，因古时多悬挂于楼堂宅殿的楹柱而得名，是中国传统文化的重要组成部分，被称为中国汉族传统文化瑰宝。对联之所以是对联，不是因为对联写在什么材质上，也不是因为对联是用什么书写工具写成，而是因为对联的写作讲求字数相等、平仄相合、词性相对、内容相关。换句话说，这些才是对联文化的核心，它们反映出国人的思维方式、审美情趣和价值体系。在对对联进行旅游产品开发时，首先应给予其文化核心以重点关注和保护。换句话说，只要准确甄别出一种文化的文化内核，旅游开发或可迎刃而解。开发文创产品时，在遵守对联文化的核心的前提下，今人完全可以在对联的内容或材质上做出创新。古人的对联内容可能是围绕时人的社会生活而写，今人的对联内容就可以结合当代的时代背景进行改写，可以赞美新中国，歌颂党，倡导文旅融合，等等。

因此，对文化资源进行旅游开发，因循守旧、照袭古人的做法固然不可取，但随心所欲、毫无原则地盲干更是开发的大忌。诚如习总书记所言，“以古人之规矩，开自己之生面”。对文旅融合而言，守此“规矩”的目的就是保护好处在文化核心的精神文化，就是要我们坚守“旅游开发决不能以冲击文化内核为代价”这条不可逾越的红线。

三、从文化的特征看文旅融合

从文化的概念出发，可以衍生出很多文化的特征。笔者遴选出了三个文化特征：文化是有惯性的，文化是变迁的，文化是有生命力的。以下结合文化的这三个特征，简谈一下文旅融合的路径。

（一）文化是有惯性的

每一种文化都有自己的基因，历史学家常说，中国两千年的文明看西安，一千年的文明看北京，两百年的文明看上海，四十年的文明看深圳。其实，大到每个片区、省（区）、市，小到每个县、乡镇、村寨，几乎都有自己独特的文化。例如，景德镇市有悠久的陶瓷文化，茅台镇有酒文化，西柏坡有红色文化，等等。不可否认，随着现代化的发展，很多传统文化遭到了破坏，但也有很多文化基因流传至今，并没有消亡。它们被烙印在大街小巷、一砖一瓦处，蕴含在当地老百姓的生产和生活方式中。

在旅游开发中，首先要做的就是将这些当地已有的宝贵的文化财富，就地转化为促进当地旅游发展的资源，而不是舍近求远去复述别人的故事，为别人做嫁衣，更不是舍本逐末去追求那些所谓的高大上的现代化项目。

（二）文化是变迁的

近代以来，我们的文化变迁的速率自不必说。即使是在近代以前，我们的文化也从来不是僵化不变而是动态的，虽然变迁得缓慢。如果对我们所谓的传统进行追源溯流，就会发现它们不一定像我们想象的那样“传统”。现在东南沿海地区的村寨中看到的家族祠堂，好像表明同姓聚居就是传统，自古就有。但查阅典籍不难发现，作为一种普遍的文化现象的存在，其实它仅仅始于南宋，尤其是历经了明、清两代后，才逐渐形成。秦简上记录的劳工的身份信息表明，当时同村的人基本上不存在相同的姓氏。异文化亦如此。大多数人认为苏格兰男人穿裙子就是传统，殊不知他们穿裙子也只是从 16 世纪开始的。可见，无论是古今还是中外，所谓的传统得看从哪个时间点上说起。所以，传统文化不是自古如此，将其放在历史的长河中去考量，它也是在历史的变迁中形成和发展的。

推进文化和旅游融合发展，关注文化的这一特征尤为重要。它带给我们的是思维方面的启示：推进文旅融合，要转换思维，从历史的视角去看待文化，不要用思维定式去看待文化。“以文彰旅”不仅仅是把文化“关进笼子里圈养起来”供人欣赏，更重要的是，在讲好自己的故事的基础上，对文化进行推陈出新。“流水不腐”，变迁流动的文化才最具有生命力，这样的文化更具有旅游的价值。

（三）文化是有生命力的

文化是一个超大的、能动的有机体，它有其自己的反应机制。总是会有一些人将旅游视为洪水猛兽。他们认为，发展旅游就会破坏当地的文化，旅游带来的外来文化会消灭本地文化。但事实却并非如此。曾几何时，当肯德基刚刚传入中国时，我们也曾担心这种西方快餐文化会侵蚀我们的传统饮食文化，但很快我们就发现，北京的肯德基快餐店里出现了老北京鸡肉卷、出现了米饭套餐等具有中国特色的食品。西汉末年传入中国的佛教，在中国生根、成长，经历约 800 年后却被中国的传统文化同化，而后成为中国文化的重要部分。这就说明，外来文化传入后，本土文化不是束手就擒，而是像一个有机体一样有自己的反应机制，会对外来文化进入做出能动的反应。

文化的这一特征带给我们的启示是，“以旅促文”是切实可行的，发展旅游不但不会破坏文化，而且还能激活文化有机体的反应机制，增强文化的活力，使文化更具生命力。但值得我们警醒的是，旅游开发中的冒进做法，那些强制性地破坏本土文化的行为会直接扼杀文化这个有机体，其实质是借旅游之名而施文化侵略和强制性的文化同化之实。

“文旅融合”怎么看，怎么干

蒙　睿

（中国旅游研究院昆明分院暨云南省旅游规划研究院副院长）

文旅融合，无疑成为当下文化和旅游领域的“热词”。政府部门、研究机构、企业社团、新闻媒体都卷入其中。2018 年 11 月，云南省文化和旅游厅正式挂牌以来，厅党组就组织厅机关各处室、厅属事业单位结合各自职能，就“文旅融合”进行过工作层面的大讨论。12 月底，中国旅游研究院机构年会上，与会专家对“文旅融合：理论研究和数据建设”专题进行过探讨，和丽贵厅长在致辞中提出了文旅融合“形、业、神”三个层面的观点。2019年1月3日至4日，全国文化和旅游厅局长会议在北京召开，雒树刚部长专门谈到文旅融合的问题，并从六个方面提出了工作要求。本文将本人近期学习“文旅融合”的相关心得体会做一个汇报，求教于方家。

一、文旅为什么要融合

这是一个由来已久却又历久弥新的话题。“由来已久”是说文化和旅游密不可分，旅游需求本质上属于精神文化需求，旅游活动客观上是人们认知社会、感受自然的文化交流，因此旅游和文化，一直都是你中有我、我中有你。

从游客需求角度来审视，旅游和文化一直都在一起，没有分开过。从市场供给角度（供给侧）来审视，旅游和文化起初都由不同的市场主体在做，但大家都认识到要把各自的生意做好，孤立地做旅游或孤立地做文化都不行，所以就自觉地开始融合。从行业监管的角度来审视，由于部门的条块分割，起初大

［**作者简介**］蒙睿（1977—），男，云南昆明人。博士，副研究员，中国旅游研究院昆明分院暨云南省旅游规划研究院副院长，主持工作；云南省旅游研究学术委员会秘书长，云南省旅游规划设计协会秘书长，《旅游研究》杂志副主编。主要从事区域旅游规划、旅游新产品新业态、旅游解说系统、澜湄旅游城市合作等领域的理论研究和实践工作。

家都不越雷池，但随着游客需求、市场供给不断融合，监管侧也“小心翼翼”开始融合（怕动了别人的“奶酪”）；随着国家机构改革，确立组成文化和旅游部，自上而下的监管侧融合正式拉开帷幕。因此，文旅融合的新课题，新在监管侧的融合，新在监管侧将主动推动供给侧的融合来满足需求侧的文化旅游消费需求，新在文旅融合将承担更多的国家责任和使命。

在新时代背景下，文旅融合不仅继续释放旅游产业的文化、经济、社会和生态功能，而且将强化旅游产业的政治功能。旅游业将在中国特色社会主义发展的道路上，总结更多的中国经验、建立更多的中国模式、传播更多的中国声音。在前 40 年主要以借鉴、学习以旅游经济为基础的西方旅游业发展模式的基础上，开启统筹兼顾旅游经济、政治、文化、社会、生态功能的具有中国特色社会主义旅游观的发展阶段。从这个角度来看，当前我们面临的文旅融合局面，是文化、旅游对立统一螺旋式上升过程的新阶段，将打上中国特色社会主义烙印，肩负新的历史使命和作为担当。当然，由于发展的不平衡不充分，不同省份、不同县市区面临的发展问题不同，所处的文旅融合阶段不同，旅游经济、政治、文化、社会、生态功能五位一体的矛盾统一关系也不一样，应该实事求是、因地制宜分析对待。

二、“文旅融合”怎么看

文旅融合，要做到“以文促旅，以旅彰文”①，应从形、体、神②三个层面来认识和理解。

（一）“形”的融合，强调管理机构的融合

机构部门的合并——从国家层面到省级层面的机构改革已完成，正在进行的是州市级层面。县市区层面的文化旅游部门很多是已经合并在一起的，但随着国家、省、州市文化旅游部门的组建，也将对应发生变化。通过主管部门（监管侧）的合并统筹推进文旅融合工作，为文化和旅游的融合提供政策、机制、制度保障。目前，几个层面的机构已经合并了，接下来就是要用尽可能短

① 雒树刚部长在多个场合都提到文旅融合“宜融则融，能融尽融；以文促旅，以旅彰文”的原则。

② 和丽贵厅长在2019中国旅游研究院机构年会的致辞中提到文旅融合的“形、业、神”三个层次，本文调整为“形、体、神”，并加以阐述。

的时间让部门内部的工作有机融合起来，产生一加一大于二的效果。“形式”解决顶层设计的问题，从此“文旅融合”被从体制上规定下来，成为全国文化旅游工作开展的基本遵循。2018 年也成为文旅融合“元年”。

（二）“体”的融合，强调业态产品的融合

是指通过融合，推动旅游文化化，实现文化产业化，扩大文化旅游产品供给。旅游文化化，是立足文化资源优势，将文化元素应用于旅游开发前中后全过程和全要素领域，将旅游建设和开发植根于文化的土壤中，把文化抽象品牌按照市场需求和旅游要素的配套条件具体化、产业化，构建具有市场吸引力和时代感召力的旅游产品。文化产业化，除了将文化旅游资源开发成景区景点这一传统、重要的途径外，文化融入食住行游购娱等要素产业也是产业化的重要路径。文化产业发展过程与旅游开发过程融合发展也应得到足够重视，如影视、动漫、出版、论坛会议、考古发掘等均可与旅游产品一体化策划开发。“产品业态”关乎文化产业、旅游产业的可持续健康发展、关乎游客体验、关乎从业人员收入、社区居民就业、地方税收等，是文旅融合在供给侧的重要内容。

（三）“神”的融合，强调为意识形态服务

是指通过文旅融合推动中国特色社会主义文化大繁荣大发展，增强国家软实力，提升中华文化的影响力。凭借出入境游客交流的深度和广度，让外国游客触摸一个真实的中国，了解和认识中国人民创造的、创造着的优秀文化；让外国人民通过与中国游客的接触和交流，认识和了解中国文化。凭借国内全域旅游的深入开展，让东中西部游客、城乡游客充分、广泛流动，让旅游活动突破景区景点的围栏，进入博物馆、文化馆、图书馆、美术馆、乡镇综合文化站、村（社区）综合文化服务中心等，进入菜市场、乡村集市、商贸街、购物街区、美食街等，进入适宜参观的工厂车间、科研设施、军事场地、教学设施等，进入旅游目的地居民日常生活的场景，体验和感受差异性的生活文化与生活环境。文旅融合“神”的层面，关乎国际形象、国家稳定，是贯彻落实习近平总书记新时代中国特色社会主义思想的重要内容，需要充分释放旅游的政治功能、文化功能、社会功能和生态功能。

文旅融合的三个层次都源于游客对文化旅游辩证统一的需求，脱离了游客需求、不考虑游客需要的供给和监管都将成为无源之水、无本之木，意识形态的宣传也难有建树。游客取向就是在文旅领域的“人民取向”和“民生取向”，只有把游客日益增长的对优质旅游的需求作为文旅融合工作的出发点和落脚点，才能真正把握文旅融合的“初心”，才能不断在中国特色旅游发展道路上砥砺前行。

三、文旅融合“怎么干”

今年初文化和旅游部全国厅局长工作会议上，雒树刚部长重点强调了文旅融合的工作思路，并从理念融合、职能融合、产业融合、市场融合、服务融合、着力推进对外和对港澳台交流融合六个方面①提出了全面的工作要求。和丽贵厅长结合云南旅游转型升级的八个方面重点工作和推进云南旅游革命的九大工程，对云南文旅融合提出具体要求。下面，结合对文旅融合三个层次的认识，为贯彻落实好国家文旅部、省文旅厅的工作安排，提出几个方面的建议供参考。

（一）各级党委要把牢“文旅融合”的意识形态方向

文旅融合要服务于意识形态工作，服务于中国特色社会主义文化大繁荣大发展，强化旅游传承文化、交流文化、传播文化的作用。进一步恢复和弘扬中华传统节庆和习俗，为国内旅游创造更多的时段和场景；用优秀的文艺作品丰富国内游客旅游生活；进一步挖掘和创作反映时代精神的优秀艺术作品，提高国内旅游产品的文化含量；将旅游作为提升国民素质、提高国民文明程度的重要手段和“课堂”，大力支持研学旅游、红色旅游、生态旅游、公益旅游等产品发展；进一步研究和提炼中国文化元素和行为美德，推动这些优秀中国文化随着出境旅游市场走出国门，让中国游客出境旅游的深度和广度成为中国文化传播的深度和广度；站在理论自信、制度自信、道路自信、文化自信的高度，进一步研究和梳理入境旅游吸引物，让更多的国际游客来触摸和感受发展中的中国和中国文化，让国际游客入境旅游的数量和满意度成为中国文化传播的广度和深度。各级党委应将国内旅游、出境旅游、入境旅游市场作为意识形态工作的主要阵地，因势利导，通过文旅融合推动社会主义文化大繁荣大发展。

（二）各级政府要营造“文旅融合”的环境和条件

各级政府要按照“宜融则融，能融尽融”的要求，不断探索文旅融合的路

① 雒树刚部长在2019年全国文化旅游厅局长会议上的讲话。

径和方法，做出文旅融合的制度安排，营造文旅融合的政策环境。要加强文旅融合领域的相关研究和规划，结合“十三五”规划的中期评估和“十四五”规划的预研究，进行充分的调查研究，探索资源、市场、服务、产品、业态、政策、技术等领域文化和旅游融合的路径和方法，为文旅融合提供理论支撑。公共文化设施、文化艺术创作、非物质文化遗产保护、文物保护等以财政投入为主的文化事业，在文旅融合过程中为游客感知文化、体验文化服务时，如何实现财政投入资金资产化、如何实现财政资金与民间资金效益最大化，也需要借鉴故宫文创产品开发等一系列“混改”案例，进行制度性的安排。文化旅游企业在进行研学旅游、红色旅游、生态旅游、公益旅游等经济功能较弱，但政治功能、文化功能、社会功能和生态功能较强的旅游产品开发运营时，应参照艺术创作、文物保护、非物质文化传承人等财政投入和补贴的方式，为这些文旅融合产品发展营造较好的环境。符合国家“一带一路”倡议和“命运共同体建设”倡议的出境旅游、入境旅游、演艺创作等文旅融合“走出去”“请进来”的相关活动，各级政府也应该在税收、财政资金奖补等方面做出政策性安排。

（三）各类企业应在“文旅融合”中充分发挥作用

党十九大报告指出，要让市场在资源配置中起决定性作用。文旅融合，党委政府把好舵营造好环境之后，更多的工作应该交由市场主体来完成；应尽可能少干预、不干预，不干外行指挥内行，不干缺乏系统调查研究却哇啦哇啦发表指示的事情。文旅融合，华侨城、港中旅、省城投等央企、国企，万达、携程、诺仕达等民企已经提前布局，形成了集团化、规模化的产业区块链条。在接下来的时期，国企、民企在按市场化规律在文旅融合过程中发挥决定性作用的同时，对一些体现国家意志、代表国家形象的事项中也应体现企业担当和责任。文旅融合，更多还体现在为乡村新型集体经济组织、小微企业、创业创新赋能，激发农村集体经济组织的内生动力，借助“互联网 +”和新兴技术，让更多的企业在脱贫致富、创业创新过程中获得成长。

总之，文旅融合在新时代被赋予了新的使命和任务，文化旅游部门应按照党委政府的决策部署，站在意识形态工作的高度，以满足游客需求为出发点和落脚点，大兴调查研究之风，不断增强推进文旅融合高水平发展的能力！

文化和旅游融合，共建再思考

邓永进

（云南大学旅游研究所，云南 昆明 650091）

【编者按】中国共产党第十九届中央委员会第三次全体会议审议通过了《中共中央关于深化党和国家机构改革的决定》（以下简称《决定》）和《深化党和国家机构改革方案》；十三届全国人大一次会议表决通过了关于国务院机构改革方案的决定。《决定》指出，为“满足人民过上美好生活新期待，必须提供丰富的精神食粮。为增强和彰显文化自信，坚持中国特色社会主义文化发展道路，统筹文化事业、文化产业发展和旅游资源开发，提高国家文化软实力和中华文化影响力，将文化部、国家旅游局的职责整合，组建文化和旅游部，作为国务院组成部门”。2018 年 3 月，改革开放 40 周年的又一个春天，文化和旅游的融合共建发展，站在了新的历史起点。云南省著名旅游文化专家邓永进教授阐述近年来对文化旅游融合共建的思考，以期为云南省文化旅游融合发展提供借鉴。以下内容为专家独立观点，谨供参考。

随着国家文化和旅游部的组建、挂牌，文化和旅游的关系问题一夜之间成为人们关注的热点，一些网民用“诗和远方终于在一起了”来比喻文化和旅游的携手、联袂；也有人认为，原文化部与国家旅游局合而为一，既是文化和旅游长期融合发展的结果，也是旅游产业与文化产业近年互动的驱使，同时还是文化事业和旅游事业始终关注民生的必然。诚然，怎样才能使文化和旅游更

[作者简介] 邓永进（1962— ），博士，教授，云南曲靖人，现任云南大学旅游研究所副所长、云南省旅游研究学术委员会学术顾问、云南省非物质文化遗产保护专家委员会委员、云南大学国家文化产业研究中心特约研究员、浙江农林大学客座教授；主持、完成国家社科基金研究项目 2 项及旅游研究、区域旅游规划 50 余项，出版著作 8 部，发表论文 40 余篇，荣获全国高等院校人文社会科学研究优秀成果一等奖、云南省科技进步三等奖等。

加顺利地融合发展，如何才能真正地实现文化和旅游的“共建”？为此，需要我们对两者的关系及发展问题进行再度的思考。

一、“融合共建”意义深远

我们这里讲的文化和旅游的融合，指的是两者自然接触，相互结合，你中有我，我中有你，发展成为联合体的过程。而文化和旅游的共建，指的是其主管部门（由过去的两个部门发展成为现在的一个部门）应当积极适应文化和旅游融合的潮流及趋势，通过调整、改变、整合、创新工作思路，共管、共治、共创、共享文化业和旅游业。

文化和旅游融合源远流长，文化和旅游共建方兴未艾，我们说文化和旅游融合共建意义深远，是基于文化和旅游融合互动已经带来以下三个成果。

（一）全面繁荣社会公共公益事业

文化业由“公共文化事业”和“经营性文化产业”构成；旅游业由旅游产业与旅游事业构成。两者均拥有共同的“事业”，即社会公共公益事业。文化业与旅游业的融合共建，在各自产业分别获得更高的经济价值和经济效益的同时，既促进了文化事业与旅游事业的繁荣发展，又促进了社会公共公益事业的繁荣：一方面所产生的综合效益增强了民族自尊心、自豪感，推动了民族优秀的传统文化的传承和先进的新兴文化的传播，有助于消除国家间、民族间、地方间的敌意、隔阂、偏见和歧视；另一方面，通过文化业和旅游业的融合发展，改善了当地的公共服务设施、文化生活条件和自然生态环境，特别是改善了道路交通、环境卫生、休闲娱乐设施，缩小了城乡差别，提升了公民文明程度，从而使旅游目的地迈向“美好生活”目标。

（二）积极推动文化产业快速发展

文化产业作为一种特殊的经济形态，充分而必要的市场化，是其实现突破性发展的关键所在。在文化产业和旅游产业的融合发展中，旅游客源市场能够为文化产品的创作、生产和销售提供极大的牵引力和平台，而由旅游产业所带来的经济效益又能为文化产业的发展提供一定的激励和发展先导，使其发展更符合市场规律，催生其更具经济效益的产品，从而不断提质增效，健康快速发展。

（三）大力促进旅游产业转型升级

文化产业和旅游产业融合发展的过程，不仅能够促使旅游产业产生新业态，推出新产品，焕发新活力，而且能够使之与文化产业共享市场、资本、技术及劳动力等，使其资源配置速率、效率显著提高。同时，旅游产业还能汲取和利用文化产业中的文化创意等软性要素，促进经济资本、文化资本和社会资本的相互转化，从而使旅游产业结构获得转型升级。此外，因为文化的缘故，旅游产品能由观光游览初级层次向体验探秘高级层次发展，旅游经济增长方式也能逐渐向创新型、文化型、内生型等转变，实现旅游产业的稳定持续发展。

在文化和旅游部成立的今天与未来，坚信文化和旅游融合共建的意义会更为重大，影响会更为深远。

二、“融合”已经奠定基础

文化和旅游融合发展由来已久，这其中既有文化和旅游内在的驱动因素，也得益于“文旅两产”发展的外部环境。经过多年的融合发展，如今，文化和旅游融合发展不但成效显著，而且建立了不少成功模式，并取得了许多可供借鉴的经验，为未来文化和旅游的“共建”奠定了较为坚实的基础。

（一）文化和旅游融合发展有其驱动因素

文化和旅游本身存在内在联系。早在古代，文化和旅游就密切相关，我国历史上的至理名言“读万卷书，行万里路”，在一定程度上便说出了两者的辩证关系。伴随着体验经济时代和大众消费时代的到来，“经济—文化”一体化发展成为一种趋势。在市场需求的驱使下，旅游产业面临转型升级，文化产业需要规模发展；另一方面，不少国家和地区相继出台相关政策，引导、鼓励文化产业和旅游产业的融合与发展。加上有现代科技创新的不断推动，其融合发展就不但非常必要，而且已经成为可能。

（二）文化和旅游融合发展具有良好条件

基于文化、旅游的内涵与外延，文化产业与旅游产业的内涵与外延具有交叉、重合、相同、相似的内容及方面。随着社会经济的发展，尤其是产业的迅速发展，文化产业和旅游产业相互交叉、渗透所呈现的“客源市场共享”“文化和旅游资源互补”以及“文化和旅游产品交融”的现象越来越突出——原来主要提供给当地居民的文化产品如今更多地为旅游者所购买；本来主要为游客服务的旅游设施现在为广大的居民所分享；旅游者在领略异地自然风光的同时能够体验当地的人文风情；不少项目和产品既有休闲娱乐功能又有学习教育功能。

（三）文化和旅游融合发展已获模式经验

经历多年的发展，国外先后成功地创立了"版权先行、深度融合（美国）""文博服务业与旅游服务业共生共荣（法国）""节庆产业与旅游产业融合发展（西班牙）"等文化产业和旅游产业融合发展模式，取得了"法律体系健全，保障有力""市场高度开放，主体活跃""文化和旅游资源保护与利用得当""多业态，多行业创造融合"等文化和旅游融合发展的成功经验。我国也成功地探索出了"主题公园本土化""一业为主，多业并举""影视产业撬动旅游新热点""主题客栈""体验文化""享受生活"等文化产业和旅游产业融合发展模式，获得了"政府有效推动十分重要""多样化的融合方式与路径""区域优势可促动融合"等文化和旅游融合发展的成功经验。

三、"共建"可谓任重道远

多年以来，面对文化和旅游融合发展的趋势，我国文化部门与旅游部门也相应采取了一些"共建"措施，旨在清除文化和旅游之间的隔阂与障碍，促进两者更加顺畅、和谐地融合发展，从而创造更多更高的综合效益。可事实上，尽管取得了部分成效，但离真正意义上的文化和旅游共建还有不小的距离，还需文化人和旅游人一起不懈地努力。

（一）文化和旅游共建的主要障碍

过去，由于文化和旅游分属于不同的部门，在观念意识上，各部门多少都存在着"本位主义""老大主义"及"唯我独尊"等思想；在文化和旅游管理体制上，我们长期存在着"条块分割、多头管理、政企不分以及高度计划性管制"等问题；在实际操作中，因文化和旅游的入门门槛较低，一些对文化和旅游一知半解、似懂非懂的"领导"时常会出现判断不准、决策失误及胡乱指挥等情况；在生产经营中，部分文化企业和旅游企业缺乏沟通与合作，不但营销渠道鲜有整合，而且产品也存在着一定的同质性；在文化产业和旅游产业从业人员中，高素质人才，特别是复合型管理人才奇缺等。这些都是文化和旅游"共建"

迫切需要清除的现实障碍。

（二）文化和旅游共建的切入点

往后，文化和旅游主管部门应当总结我国文化和旅游融合发展的经验教训，借鉴国外文化和旅游融合发展的成功模式与办法，制定出台激励政策，建立健全法律法规，支持培育市场主体，事业产业并举，强化责任担当，借助科学技术，继续深化、拓展“旅游与演艺融合”“旅游与节庆会展融合”“旅游与历史文化名城（镇）融合”“旅游与民间工艺品融合”等，积极推动、催化“旅游与乡村文化融合”“旅游与文物、非物质文化遗产融合”“旅游与博物馆、文化馆、纪念馆等融合”“特色文化与景区（点）、客栈，餐厅及休闲设施融合”等，做精、做强、做大一批文旅融合项目和产品，助推生态环境的保护与建设，促进优秀文化的传承与传播，大力扶贫攻坚，着力改善民生，努力满足游客和居民对美好生活追求与向往的需求。

（三）文化和旅游共建的愿景

常言道：文化是旅游的灵魂，旅游是文化的载体。魏小安先生说：“旅游没有文化就是灵魂出窍，文化没有旅游就是魂不附体。”我们认为文化是旅游产业持续发展的一种重要财富和支撑，旅游是文化产业实现利润的一种有效途径和平台。

在文化（诗）和旅游（远方）融合（在一起）的今天，我们有充分的理由对文化和旅游共建的未来愿景做如此描述：

文化人和旅游人一并摒弃“文人相轻”，抛开“门户之见”，彼此在恪守自己专业的同时，以“融合发展，齐抓共管”为理念，相互尊重、协作，开辟文化和旅游融合发展的新时代。届时，文化与旅游融合发展成为甲中有乙、乙中有甲、甲乙中有丙，丙中又有甲乙成分的共同体；公共文化事业和旅游公益事业惠及民生；旅游产业和文化产业欣欣向荣；事业与产业相辅相成，相得益彰；文化业和旅游业步入“黄金时代”，文旅产业成为真正的“幸福产业”。

旅游需求与旅游者行为研究

研学旅行出游意愿的影响因素和区域差异

何琼峰[1]，宋世通[2]

（1.中国旅游研究院，北京 100005；
2.中央民族大学管理学院，北京 100081）

【摘　要】据调查，八成以上的受访者表示有研学旅行的出游意愿，其影响因素和区域特征等相关研究是研学旅行产品开发设计、市场营销和规划布局等方面的重要依据。本研究采用描述性统计分析、相关性分析、二元 Logistic 回归模型和单因素方差（ANOVA）分析方法，结合 1000 份有效调查问卷，探讨了我国学生研学旅行出游意愿的影响因素和区域差异。研究发现，研学旅行出游意愿受性别、研学旅行了解程度、研学旅行经历、研学旅行时长、研学旅行方式和研学旅行内容等多方面因素影响。代表性城市研学旅行的出游意愿、了解程度、满意度、旅行方式和旅行目的有显著差异，成都、沈阳、武汉、西安等新一线城市的研学旅行市场发展潜力较大。加强研学旅行的营销宣传力度和深化研学产品开发是提高出游意愿的核心因素，建议深入挖掘研学旅行资源的教育内涵，丰富研学内容形式，完善研学旅行行业标准并提高产品质量，不断满足广大群众对研学旅行数量和质量等方面的期待。

【关键词】研学旅行；出游意愿；区域差异；影响因素；Logistic 回归模型

［**基金项目**］国家自科基金项目“农户可持续生计视角下我国乡村旅游精准扶贫研究”（41501193）。

［**作者简介**］何琼峰（1983—），女，博士，中国旅游研究院副研究员，中国科学院地理科学与资源研究所博士后，研究方向为旅游产业、旅游经济，E-mail：qfhe@cnta.gov.cn。宋世通（1993—），男，中央民族大学管理学院旅游管理专业硕士，研究方向为民族地区旅游管理研究。

引言

自2013年国务院办公厅在《国民旅游休闲纲要（2013—2020年）》中提出“逐步推行中小学生研学旅行”的构想以来[1]，研学旅行作为一种崭新的旅行方式，正逐步进入公众视野，并引起教育和旅游界广泛关注[2]。研学旅行是推进素质教育实施，扩宽学生视野，锻炼学生能力，全面推动学生发展的重要举措之一[3]。随着素质教育的理念深入以及旅游产业跨界融合的背景，研学旅行市场需求迅速增长[4]。国内研学旅行学术研究围绕政策制定[5]、理论渊源[6]、教育价值[7]、实施特点[8]、实践策略[9]等问题进行了一系列的探讨，对研学旅行市场和学生出游意愿的相关实证分析相对较少。研究学生研学旅行出游意愿的影响因素和区域差异能够为研学旅行产品开发设计、市场营销和各地区研学旅行发展方向提供必要依据。因此，本研究依据1000份有效问卷数据，采用二元Logistic回归模型，检验了人口统计学特征、研学旅行认知和偏好三方面因素与学生研学旅行出游意愿的因果关系；运用描述性分析和单因素方差（ANOVA）分析方法探析了我国热门旅游城市的研学旅行出游意愿以及各影响因素的差异，以期深入探讨研学旅行出游意愿的影响因素和我国热门旅游城市研学旅行的区域差异，为我国研学旅行政策制定、产品开发与营销等方面提供借鉴和参考。

1 数据来源和样本特征

1.1 数据来源

本研究数据来源于中国旅游研究院“中国研学旅行专项调研”的1000份有效问卷。采用网络调查问卷的方式，对北京、上海、广州、深圳、成都、沈阳、武汉、西安等八大热门旅游城市的在校学生或在校学生家长的个人信息、研学旅行出游意愿、认知和偏好等问题进行调查，其中北京和上海有效样本量各为200份，其余六座城市的有效样本量各为100份。

1.2 样本特征

被调查者男性518人，占51.8%，女性482人，占48.2%；年龄以26~49岁和41~60岁的在校学生或在校学生家长群体为主，分别为551人（55.1%）和

247 人（24.7%）；学历以大学本科、大专（77.3%）居多，家庭年收入主要为 5 万 ~20 万元（44.3%）和 21 万 ~50 万元（52%），这与被调查者的学历情况相符合（见表 1）。

表 1　有效问卷的地区分布和人口特征

指标	类型	百分比 /%	指标	类型	百分比 /%
性别	男	51.8	学历	高中、初中及中专	15.5
	女	48.2		大学本科、大专	77.3
年龄	12–17 岁	3.8		博硕研究生	7.2
	18–25 岁	16.3	城市	北京	20
	26–40 岁	55.1		上海	20
	41–60 岁	24.7		广州	10
	60 岁以上	0.1		深圳	10
家庭年收入	低于 5 万元	0.2		成都	10
	5 万 –20 万元	44.3		沈阳	10
	21 万 –50 万元	52		武汉	10
	50 万元以上	3.5		西安	10

1.3 研学旅行认知和偏好

根据被调查者对研学旅行的认知状况发现，76.6% 的人了解研学旅行，绝大多数人（83%）有研学旅行的出游意愿，研学旅行作为一种独特的旅行方式为多数人认可和接受，市场潜力巨大，发展前景广阔，但是还有相当一部分人对其不了解，60% 的被调查者表示未能亲身体验，且对研学旅行表示满意的仅为 24.2%。研学旅行存在内容形式单调（16.8%）、游与学时间分配不均（14.9%）、游览景点吸引力不强（13.8%）和实际与宣传不符（13%）等问题，因此研学旅行仍需加速普及和发展。

从被调查者研学旅行的偏好来看，潜在消费者对研学旅行深度体验和高品质旅游等方面有强烈诉求。70.2% 的人期望旅行时长是 6~10 天，3~5 天和 10 天以上的各占 15.9% 和 13.9%；大多数人（87.7%）能接受的研学旅行人均花费是在 3000~10 000 元，其中 5001~10 000 元的人数（48.8%）稍多于 3000~5000 元（38.9%）；几乎所有人（90.1%）都认可学校和教育机构组织的研学旅行，其次是认可旅行社组团方式的人（59%），这表明学校和教育机构未来将是组织研学旅行的主力军，最受游客青睐，旅行社在研学旅行板块有待提高；素质教育类和生态环保类最受欢迎，所占比例分别为 83.6% 和 83.0%，其次是历史教育类，占 64.7%；绝大多数人认为研学旅行的目的是丰富课外阅历（84.5%）、了解不同文化（77.0%），超过半数的人（54.8%）认为研学旅行的目的是学习专业知识，30% 的人认为研学旅行的目的是加强体能锻炼。由此可以看出人们十分注重研学旅行中“学”的因素。把学习和旅行有机融合，避免“只旅不学”或“只学不旅”是游学组织机构在设计研学旅行产品时要十分注意的问题（见表 2）。

表 2　有效问卷的研学旅行认知和偏好

指标	类型	百分比 /%	指标	类型	百分比 /%
研学旅行出游意愿	无出游意愿	17	研学旅行时长	6~10 天	70.2
	有出游意愿	83		10 天以上	13.9
研学旅行了解程度	不了解	23.4	研学旅行人均花费	3000 元以下	4.2
	了解	76.6		3000~5000 元	38.9
研学旅行经历	否	60		5001~10000 元	48.8
	是	40		10000 元以上	8.1
研学旅行满意度	不满意	12	研学旅行方式（多选题 1~2 项）	学校和教育机构	90.1
	一般	63.8		旅行社组团	59
	满意	24.2		自由行	24.3
研学旅行存在的主要问题（多选题 3~5 项）	内容形式单调	16.8		其他	0
	产品层次低级	10.3	研学旅行内容（多选题 2~3 项）	历史教育类	64.7
	游与学时间分配不均	14.9		生态保护类	83
	价格不合理	9.7		素质教育类	83.6
	游览景点吸引力不强	13.8		其他	0
	线路安排不合理	11.7	研学旅行目的（多选题 2~3 项）	丰富课外阅历	84.5
	实际与宣传不符	13		学习专业知识	54.8
	宣传少	9.8		了解不同文化	77.0
	其他	0		加强体能锻炼	30
研学旅行时长	3~5 天	15.9		其他	0

2 研学旅行出游意愿的影响因素

2.1 计量模型设定

Logistic 模型是最早和广泛使用的离散选择模型[10]，并在可持续旅游[11]、低碳旅游[12]、休闲旅游[13]、乡村旅游[14]、旅游目的地选择[15]以及旅游消费[16]等意愿研究方面广泛应用。本研究因变量研学旅行出游意愿为“Y_0= 无出游意愿”或“Y_1= 有出游意愿”的两项离散型，因此采用二元 Logistic 模型作为分析方法，其公式如下：

$$Prob=\frac{e^z}{1+e^z}=\frac{1}{1+e^{-z}} \qquad z=b_0+b_1x_1+\cdots+b_ix_i+\mu \qquad (i\text{为自变量数})$$

其中：$Prob$ 代表出游概率；b_i 代表因素 x_i 的影响系数；μ 是误差。

2.2 变量的选取

旅行出游意愿受旅行者个人特征、旅行认知和偏好等方面的影响，其中性别、年龄、学历、家庭年收入作为人口学的基础特征，是影响出游意愿的核心因素[17]；旅游信息了解程度[18]、旅游经历[19]、满意度[13]和存在的问题[10]是影响出游意愿的先决条件；而旅行时长、花费、方式、内容、目的等旅行偏好则是影响旅行意愿的重要前提[20]。本研究选取人口学特征、研学旅行认知和研学旅行偏好等 3 个变量组，13 个关键因变量（见表 3），构建了研学旅行出游意愿影响因素模型。

表 3　预设模型的变量列表

变量组	变量名称	定义
因变量	Y 研学旅行出游意愿	0= 无出游意愿；1= 有出游意愿
人口学特征	X_1 性别	1= 男；2= 女
	X_2 年龄	1=12 岁以下；2=12~17 岁；3=18~25 岁；4=26~40 岁；5=41~60 岁；6=60 岁以上
	X_3 学历	1= 小学及以下；2= 高中、初中及中专；3= 大学本科、大专；4= 博硕研究生
	X_4 家庭年收入	1= 低于 5 万元；2=5 万 ~20 万元；3=21 万 ~50 万元；4=50 万元以上

续表

变量组	变量名称	定义
研学旅行认知	X_5 研学旅行了解程度	0= 不了解；1= 了解
	X_6 研学旅行经历	0= 无；1= 有
	X_7 研学旅行满意度	1= 不满意；2= 一般；3= 满意
	$X_{8,i}$ 研学旅行存在主要问题	$X_{8,1}$ 内容形式单调（0= 否，1= 是）；$X_{8,2}$ 产品层次低级（0= 否，1= 是）；$X_{8,3}$ 游与学时间分配不均（0= 否，1= 是）；$X_{8,4}$ 价格不合理（0= 否，1= 是）；$X_{8,5}$ 游览景点吸引力不强（0= 否，1= 是）；$X_{8,6}$ 线路安排不合理（0= 否，1= 是）；$X_{8,7}$ 实际与宣传不符（0= 否，1= 是）；$X_{8,8}$ 宣传不到位（0= 否，1= 是）；$X_{8,9}$ 其他（0= 否，1= 是）
研学旅行偏好	X_9 研学旅行时长	1=3~5 天；2=6~10 天；3=10 天以上
	X_{10} 研学旅行人均花费	1=3000 元以下；2=3000~5000 元；3=5001~10000 元；4=10000 元以上
	$X_{11,i}$ 研学旅行方式	$X_{11,1}$ 学校和教育机构（0= 不喜欢，1= 喜欢）；$X_{11,2}$ 旅行社组团（0= 不喜欢，1= 喜欢）；$X_{11,3}$ 自由行（0= 不喜欢，1= 喜欢）；$X_{11,4}$ 其他（0= 不喜欢，1= 喜欢）
	$X_{12,i}$ 研学旅行内容	$X_{12,1}$ 历史教育类（0= 不喜欢，1= 喜欢）；$X_{12,2}$ 生态环保类（0= 不喜欢，1= 喜欢）；$X_{12,3}$ 素质教育类（0= 不喜欢，1= 喜欢）；$X_{12,4}$ 其他（0= 不喜欢，1= 喜欢）
	$X_{13,i}$ 研学旅行目的	$X_{13,1}$ 丰富课外阅历（0= 否，1= 是）；$X_{13,2}$ 学习专业知识（0= 否，1= 是）；$X_{13,3}$ 了解不同文化（0= 否，1= 是）；$X_{13,4}$ 加强体能锻炼（0= 否，1= 是）；$X_{13,5}$ 其他（0= 否，1= 是）

2.3 相关性分析

本研究采用皮尔逊（Pearson）相关系数测量了研学旅行出游意愿与各影响因素的相关性（见表4），研究发现：首先，研学旅行出游意愿与被调查者的性别、年龄和家庭年收入存在显著的相关关系，说明被调查的年龄越小、家庭年收入越高以及男性相对于女性更具有研学旅行出游意愿；其次，研学旅行出游意愿与研学旅行了解程度、研学经历、研学旅行满意度以及研学旅行价格不合理和实际与宣传不符的问题存在显著的相关关系，说明了解研学旅行的、具有研学旅行经历的以及对研学旅行满意度高的被调查者更具有出游意愿，且研学旅行价格不合理和实际与宣传不符的问题对出游意愿具有负面的影响；最后，研学旅行出游意愿与研学旅行时长、研学旅行人均花费、学校和教育机构组织的研学旅行方式以及历史教育类的研学内容存在显著的相关关系，说明被调查更愿意通过学校和教育机构组织，参与为期10天以上的历史教育类的研学旅行，且研学旅行的出游者对于价格的敏感度相对较低。

表 4　研学旅行出游意愿与各影响因素的相关性分析

指标	参数名称	参数结果	指标	参数名称	参数结果
X_1 性别	皮尔逊相关性	-0.091^{**}	$X_{8,\ 4}$ 研学旅行存在的主要问题（价格不合理）	皮尔逊相关性	-0.095^{**}
	显著性	0.004		显著性	0.003
X_2 年龄	皮尔逊相关性	-0.231^{**}	$X_{8,\ 7}$ 研学旅行存在的主要问题（实际与宣传不符）	皮尔逊相关性	-0.078^{*}
	显著性	0.000		显著性	0.014
X_4 家庭年收入	皮尔逊相关性	0.085^{**}	X_9 研学旅行时长	皮尔逊相关性	0.169^{**}
	显著性	0.007		显著性	0.000
X_5 研学旅行了解程度	皮尔逊相关性	0.404^{**}	X_{10} 研学旅行人均花费	皮尔逊相关性	0.124^{**}
	显著性	0.000		显著性	0.000
X_6 研学旅行经历	皮尔逊相关性	0.288^{**}	$X_{11,\ 1}$ 研学旅行方式（学校和教育机构）	皮尔逊相关性	0.073^{*}
	显著性	0.000		显著性	0.021
X_7 研学旅行满意度	皮尔逊相关性	0.202^{**}	$X_{12,\ 1}$ 研学旅行内容（历史教育类）	皮尔逊相关性	0.095^{**}
	显著性	0.000		显著性	0.003

注：** 表示相关性在 0.01 水平上显著（双尾）；* 表示相关性在 0.05 水平上显著（双尾）。

2.4 模型拟合

本研究利用 SPSS23.0 软件，采用二元 Logistic 向前步进（似然比）法进行模型拟合。模型经过 6 次迭代后，X_2 性别、X_5 是否了解研学旅行、X_6 是否参与过研学旅行、X_9 研学旅行时长、$X_{11,\ 2}$ 研学旅行方式（旅行社组团）、$X_{12,\ 1}$ 研学旅行内容（历史教育类）等 6 个自变量被引入模型，模型预测准确率由 83% 上升到 84%，各自变量与因变量具有显著性差异（见表 5），每个自变量移除都会导致模型具有显著性变化（见表 6），因此形成最终研学旅行出游意愿影响因素模型。

表 5 最终模型的参数检验结果

变量组	自变量	系数（B）	标准误差（S.E.）	Wald 卡方值	自由度（df）	显著性（P 值）	优势比 Exp（B）
人口统计特征	X_2 性别	–0.622	0.196	10.064	1	0.002	0.537
研学旅行认知	X_5 研学旅行了解程度	1.492	0.309	23.316	1	0.000	4.446
	X_6 研学旅行经历	1.536	0.212	52.582	1	0.000	4.646
研学旅行偏好	X_9 研学旅行时长	—	—	21.220	2	0.000	—
	6~10 天（2）	1.015	0.229	19.664	1	0.000	2.759
	10 天以上（3）	1.102	0.344	10.294	1	0.001	3.012
	$X_{11,\ 2}$ 研学旅行方式（旅行社组团）	0.545	0.195	7.774	1	0.005	1.724
	$X_{12,\ 1}$ 研学旅行内容（历史教育类）	0.437	0.196	4.994	1	0.025	1.549

注：研学旅行时长采用哑变量处理，基础参照组为“1=3~5 天”。

表 6 变量移除的显著性检验

自变量	模型对数似然	对数似然的变化	自由度	变化量的显著性
X_2 性别	–356.299	10.29	1	0.001
X_5 研学旅行了解程度	–379.129	55.95	1	0.000
X_6 研学旅行经历	–365.01	27.712	1	0.000
X_9 研学旅行时长	–361.428	20.548	2	0.000
$X_{11,\ 2}$ 研学旅行方式（旅行社组团）	–355.059	7.81	1	0.005
$X_{12,\ 1}$ 研学旅行内容（历史教育类）	–353.633	4.957	1	0.026

2.5 结果分析

在人口统计特征方面，X_2 性别对研学旅行出游意愿具有显著性影响。X_2 性别系数 B=–0.622，Exp（B）=0.537，说明男性相对于女性更具有参与研学旅行意愿，其参与研学旅行的概率是女性的 0.537 倍。

在研学旅行认知方面，X_5 研学旅行了解程度和 X_6 研学旅行经历对研学旅行出游意愿具有显著性影响。X_5 研学旅行了解程度系数 B=1.492，Exp（B）=4.446，说明了解研学旅行的学生更具有研学旅行意愿；X_6 研学旅行经历系数

B=1.536，Exp（B）=4.646，说明参与过研学旅行的学生更对研学旅行感兴趣。研学旅行认知对研学旅行意愿的影响具有极强的显著性影响，对研学旅行有了解或者参与过的学生参与研学旅行的概率分别是不了解或未参与过研学旅行者的 4.446 倍和 4.646 倍，其中相比于了解研学旅行的学生，参与过研学旅行者更有参与意愿。

在研学旅行偏好方面，X_9 研学旅行时长、$X_{11,\ 2}$ 研学旅行方式（旅行社组团）和 $X_{12,\ 1}$ 研学旅行内容（历史教育类）对研学旅行出游意愿具有显著性影响。根据 X_9 研学旅行时长优势比 Exp（B）值发现，选择为期 10 天以上、6~10 天、3~5 天研学旅行的学生，参与研学旅行的概率比为 3.012∶2.759∶1，且两项系数 B 均大于 0，说明随着研学旅行开展时间的增加，学生参与研学旅行的意愿更高；$X_{11,\ 2}$ 研学旅行方式（旅行社组团）系数 B=0.545，Exp（B）=1.724，选择通过旅行社组团的方式参与研学旅行概率是不通过旅行社组团者的 1.724 倍，说明通过旅行社组团的方式参与研学旅行可以提升学生研学旅行参与愿意；$X_{12,\ 1}$ 研学旅行内容（历史教育类）系数 B=0.437，Exp（B）=1.549，学生对包含历史教育类活动内容的研学旅行参与概率是不包含历史教育类活动的研学旅行的 1.549 倍，说明学生喜欢以历史教育类为题材的研学旅行活动。

3 研学旅行出游意愿的区域差异

本研究采用描述性统计和单因素方差（ANOVA）分析北京、上海、广州、深圳、成都、沈阳、武汉、西安等八大热门旅游城市的在校学生或在校学生家长对研学旅行出游意愿、认知和偏好等方面的差异（见表 7）。

表 7　八大热门旅游城市的单因素方差（ANOVA）分析

变量	F 值	显著性	变量	F 值	显著性
Y 研学旅行出游意愿	2.822	0.006	$X_{11,\ 2}$ 研学旅行方式（旅行社组团）	2.020	0.050
X_5 研学旅行了解程度	2.920	0.005	$X_{13,\ 3}$ 研学旅行目的（了解不同文化）	2.376	0.021
X_7 研学旅行满意度	2.751	0.08	$X_{13,\ 4}$ 研学旅行目的（加强体能锻炼）	2.283	0.026
$X_{11,\ 1}$ 研学旅行方式（学校和教育机构）	2.925	0.005	—	—	—

在研学旅行出游意愿方面，新一线城市（成都、沈阳、武汉、西安）与我国四大一线城市（北京、上海、广州、深圳）的出游意愿具有显著差异。以成都、沈阳、武汉、西安为主的新一线城市研学旅游出游意愿更高，其中成都的研学旅行意愿高达93%，而上海、广州、北京和深圳四大一线城市的研学旅行意愿相对较低（见表9）；在研学旅行认知方面，沈阳、上海、成都、北京与广州、西安、武汉、深圳在了解研学旅行程度方面具有显著性差异，其中沈阳了解研学旅行的比例最高，为88%，而深圳只有68%了解研学旅行，比例最低；新一线城市（成都、沈阳、武汉、西安）与我国四大一线城市（北京、上海、广州、深圳）的研学旅行满意度具有显著差异。新一线城市相对于我国四大一线城市研学旅行整体满意度更高，其中，沈阳研学旅游满意度最高（37%），深圳满意度最低（17%）。但总体来看，各城市超过一半的人数表示对研学旅行满意度表示一般，这说明研学旅行还要加强行程规划、市场营销以及行业标准的建立，不断完善研学旅行服务体系；在研学旅行偏好方面，新一线城市与我国四大一线城市在以学校和教育机构或旅行社组团为研学旅行方式方面具有显著差异。新一线城市相比于四大一线城市更愿意通过旅行社组团的方式参与研学旅行，相反，四大一线城市更喜爱通过以学校和教育机构的方式参与研学旅行。上海、广州、成都、西安与北京、深圳、沈阳、武汉在研学旅行目的方面具有显著差异，前四座城市更希望在研学旅行中了解不同文化，而后四座城市更倾向于在研学旅行中加强体能锻炼。

表8　八大热门旅游城市的研学旅行、认知和偏好　　单位：%

城市	研学旅行出游意愿		研学旅行了解程度		研学旅行满意度			研学旅行方式		研学旅行目的	
	无	有	不了解	了解	不满意	一般	满意	学校和教育机构	旅行社组团	了解不同文化	加强体能锻炼
北京	18.0	82.0	24.0	76.0	13.5	63.5	23.0	20.3	18.6	20.3	21.0
上海	15.5	84.5	17.5	82.5	10.0	69.0	21.0	20.2	17.6	20.8	14.3
广州	17.0	83.0	26.0	74.0	13.0	68.0	19.0	10.2	9.5	10.3	9.7
深圳	27.0	73.0	32.0	68.0	20.0	63.0	17.0	9.8	11.0	8.1	13.0
成都	7.0	93.0	22.0	78.0	15.0	55.0	30.0	10.4	10.3	10.0	8.0

续表

城市	研学旅行出游意愿		研学旅行了解程度		研学旅行满意度			研学旅行方式		研学旅行目的	
	无	有	不了解	了解	不满意	一般	满意	学校和教育机构	旅行社组团	了解不同文化	加强体能锻炼
沈阳	13.0	87.0	12.0	88.0	7.0	56.0	37.0	10.5	12.0	9.6	12.3
武汉	24.0	76.0	31.0	69.0	9.0	63.0	28.0	8.8	10.7	10.6	11.3
西安	15.0	85.0	28.0	72.0	9.0	68.0	23.0	9.8	10.2	10.4	10.3

4 结论与讨论

第一，通过采用描述性统计分析、相关性分析、二元 Logistic 回归模型和单因素方差（ANOVA）分析方法，结合 2017 年研学旅行专项调研数据，深入分析了我国学生研学旅行出游意愿的影响因素和区域差异。研究发现，性别、研学旅行了解程度、研学旅行经历、研学旅行时长、研学旅行方式和研学旅行内容等多方面因素对研学旅行出游意愿有显著影响。我国各地区研学旅行市场和出游意愿有显著差异，八大热门旅游城市的在校学生或在校学生家长对研学旅行的出游意愿、了解程度和满意度，选择学校和教育机构组织或旅行社组团的研学旅行方式，以及在了解不同文化或加强体能锻炼的研学旅行目的方面存在显著性差异，总体来看，成都、沈阳、武汉、西安等新一线城市的研学旅行市场发展潜力较大。

第二，研究发现，加强研学旅行的营销宣传力度和深化研学产品开发是提高出游意愿的核心因素。当前，我国研学旅行行业准入门槛较低，缺乏行业标准，广大游客对研学旅行的市场秩序和产品吸引力等方面仍存在较大的期待。在消费多元化与升级提质的需求和研学市场迅猛增长的需求驱动下，研学旅行产品的丰富化、专业化、创新化、定制化等方面都存在极大的提升空间。建议制定研学旅行机构的准入门槛、退出机制和评价体系等行业标准，深入挖掘研学旅行资源的教育内涵，增加研学旅行的趣味性和知识性，根据学生不同的学习阶段和自身的兴趣爱好，对产品进行细分和个性化组合，同时，要通过各类宣传平台提高社会各界对研学旅行市场的认知，规范研学旅行市场虚假、夸大宣传等问题。重点案例城市也应依据学生研学旅行出游意愿的影响因素，针对性开发研学旅行产品，例如一线城市应重点加强研学旅行的宣传力度，提高学生研学旅行出游意愿，新一线城市应重点丰富研学旅行产品多样性，以契合市场的实际需求。

参考文献

［1］王润，张增田.研学旅行：价值取向与问题透视［J］.河北师范大学学报（教育科学版），2017，19（6）：90–95.

［2］卢松，吴霞.古村落旅游地写生游客满意度评价——以黟县宏村为例［J］.地理研究，2017，36（8）：1570–1582.

［3］钟林凤，谭诤.研学旅行的价值与体系构建［J］.教学与管理，2017（31）：30–33.

［4］于书娟，王媛，毋慧君.我国研学旅行问题的成因及对策［J］.教学与管理，2017（19）：11–13.

［5］张永丰.做研学旅行的倡导者、实践者和探索者［J］.教学与管理，2017（16）：32–34.

［6］陈光春.论研学旅行［J］.河北师范大学学报（教育科学版），2017，19（3）：37–40.

［7］白长虹，王红玉.以优势行动价值看待研学旅游［J］.南开学报（哲学社会科学版），2017（1）：151–159.

［8］李祥，郭杨.中小学研学旅行的风险及其规避［J］.中小学管理，2017（8）：28–30.

［9］班振，朱成科，刘晨.农村学校开展研学旅行的困境与对策［J］.教学与管理，2017（16）：15–17.

［10］何琼峰.国内居民出游意愿的影响因素及区域格局［J］.经济地理，2011，31（10）：1754–1760.

［11］Pulido–Fernández J，López–Sánchez Y. Are Tourists Really Willing to Pay More for Sustainable Destinations?［J］. Sustainability，2016，8（12）：1240.

［12］刘亚萍，刘庆.低碳旅游认知和意愿与行为差异分析——基于南宁市两组不同人群的实证分析［J］.人文地理，2013，28（4）：132–139.

［13］Lu S，Xia H，Wei S，et al. Analysis of the Differences in Thermal Comfort between Locals and Tourists and Genders in Semi–Open Spaces under Natural Ventilation on a Tropical Island［J］. Energy & Buildings，2016，129：264–273.

［14］唐德荣，杨锦秀，刘艺梅.乡村旅游意愿及其影响因素研究——基于重庆市497位城市游客的调查数据［J］.农业经济问题，2008（12）：47–52.

［15］许春晓，周美静，王甫园.旅游目的地选择意愿的影响因素——以韶山为例［J］.经济地

理，2015，35（4）：178–185.

［16］杨晶，王君萍，王张明.农村居民旅游消费意愿的影响因素研究——基于西部6省的微观数据［J］.干旱区资源与环境，2017，31（10）：196–202.

［17］Gupta M. Willingness to pay for carbon tax：A study of Indian road passenger transport［J］. Transport Policy，2015，45：46–54.

［18］肖建红，陈宇菲，王敏，于庆东.自驾游客对低碳旅游交通的意愿及其影响因素研究——以浙江舟山普陀金三角旅游区为例［J］.环境科学学报，2017，37（12）：4798–4806.

［19］赵雪雁，尹爱华，陈翠峰.城市居民对周边旅游地的旅游意愿研究——以兰州市为例［J］.西北师范大学学报（自然科学版），2011，47（1）：110–118.

［20］Sun Y，Ma H，Chan E H W. A Model to Measure Tourist Preference toward Scenic Spots Based on Social Media Data：A Case of Dapeng in China［J］. Sustainability，2017，10（1）：43.

个性化主导的文化旅游行为分析及产品创新研究

李慧芸

（中国旅游研究院旅游统计与经济分析中心，北京 100005）

【摘　要】文化为旅游业带来多样化的发展空间，文化旅游作为一种特殊的文化体验形式正在成为现代旅游业发展的新亮点。博物馆、世界遗产、主题公园以及演艺等文化体验类产品受到更多游客关注。文化塑造和旅游体验的融合，不断引领新时代国民旅游结构优化升级。本文首先介绍文化旅游及游客行为当前研究现状，引用数据分析了游客的文化旅游行为特点，发现当前游客具有个人兴趣主导、偏爱文化深度体验、网红地点打卡等行为特征。基于上述特征，介绍了文化创意园区等三类满足游客需求的文化旅游产品和业态典范。

近年来，游客在旅游过程中的文化偏好明显增强。节假日期间，丰富多彩的民俗节庆活动和假日旅游产品，特别是非物质文化遗产和自然遗产旅游深度融合的体验活动持续走热，各类文化展演、博物馆以及主打文化 IP 的景区正逐渐赢得游客喜爱。更多的游客愿意体验旅游目的地的人文环境和生活方式，参与博物馆、世界自然和文化遗产、非物质文化遗产等文化休闲项目。文化和旅游部数据中心相关数据显示，2018 年清明节假日期间，整体市场同比增长 35%，其中文化类景区门票消费同比增长 58%，文化展演吸引游客人次较 2017 年同期增长 12%；2018 年国庆假期文化和旅游市场报告显示，超过 90% 的游客参加了文化活动。

一、概述

文化和旅游的融合由来已久，在融合形成的产品层面还衍生了“文化旅游”这一主题概念。目前，国内学者对文化旅游的界定研究有诸多成果。马波

［作者简介］李慧芸（1989—），女，理学硕士，中国旅游研究院，研究领域为出境旅游统计。

（1998）认为，文化旅游是一种旅游类型，同时明确指出文化旅游与旅游文化是两个截然不同的概念，不能混淆。郭丽华（1999）指出，文化旅游不是一种具体的旅游产品，而是一种设计产品的过程即是文化旅游。张国洪（2001）提出，人们对异地异质文化的求知和憧憬所引发的，离开自己的生活环境，观察、感受、体验异地或异地文化，满足文化介入或参与需求冲动的过程。蒙吉军，崔凤军（2001）认为，文化旅游是指旅游产品的提供者为旅游产品的消费者提供的以学习、研究考察所游览国家（地区）文化的一方面，或诸多方面为主要目的旅游产品。如历史文化旅游、文学旅游、民俗文化旅游等。

国外对旅游者行为的研究发展至今已有近百年的历程，但由于旅游者行为研究本身具有学科交叉性大、研究范围广等特点，因此国外旅游者行为研究的理论体系仍在搭建中。Swarbrooke，Horner（1999）将消费者行为定义为人们购买某种产品的原因，以及做出这一购买选择的决策过程。旅游者行为则是作为旅游产品消费者的旅游者做出购买旅游产品的原因及决策过程。

二、个人兴趣主导的文化旅游行为分析

1. 满足个人兴趣爱好是当前游客出游的主要目的

第一财经商业数据中心（CBNData）数据显示，78% 的游客表示满足爱好是吸引其去某地旅行的主要目的。这种现象在出境游中也有所体现。2018 年麦肯锡中国出境游客研究结果显示，参观地标性景点已不再是中国游客前往某地的首要原因，他们的心态更为开放，61% 的受访者希望旅途中能多多体验当地生活，比如欣赏当地文化艺术或游览小众景点等；70% 的受访者出境游理由是“放松身心”，例如去东南亚旅行的游客通常希望从快节奏的城市生活中抽身，与家人和朋友一起享受闲暇时光。

2. 各种基于个人兴趣的旅游形式日趋流行

以探索美食、艺术人文为目的的旅行占据兴趣旅行的主导，81% 的游客以探索美食作为旅行目的。影视综艺 IP 游、户外运动、体育赛事、追星游同样也是旅游兴趣的形式，相比之下，“90 后”“95 后”在影视综艺 IP 游、追星游方面的偏好显著。

3. 个性化的玩乐内容更为重要

《2018 年中国在线旅游平台用户洞察报告》显示，去哪儿用户最为关注特色产品路线（48.8%）和福利折扣（47.9%）。相比于国内游用户，出境游用户更易受到特色主题活动（如音乐节等）的影响而规划自己的出行计划。中国旅游研究院数据显示，2018 年出境游服务质量综合评价指数为 77.81，同比增长 2.33%。从消费行为上看，出境游客对于体验当地人生活方式的需求逐渐增长，出游消费不断从“买买买”向休闲消费倾斜。

4. 深度的文化体验更受欢迎

在文旅融合的背景下，文化产业对旅游产业的带动作用日益凸显，演艺、国产动漫等文化形式，逐渐成为旅游体验的重要元素，文化体验项目选择范围广、种类多、品质高。一是传统文化体验游。观赏自然风光、逛名胜古迹和品尝当地食物等仍是传统旅游项目。不管是国内游还是出境游，越来越多的游客相较以往的“走马观花”式，而会更“高质量”的完成地标观光，他们开始愿意了解当地文化，其中一项重要消费支出就是娱乐演出。中国旅游研究院与马蜂窝自由行大数据联合实验室数据显示，2018 年最受欢迎的境内热门演出是成都的川剧变脸。游客除了通过游览经典景点领略成都风情，也会品尝成都小吃了解当地美食文化，还会愿意花时间去观看一场川剧变脸表演，来了解四川文化。二是新型文化体验游。游客更多地参与彰显市民休闲、生活品位和城市文化内涵的深度游，如参加当地的节日、体验当地服装、逛集市和做当地菜等当地人做得更多的事情，感受根植于生活的、日常的、可以触摸和感受的活的文化。马蜂窝 APP 使用大数据显示，为了能更深入了解目的地，尽可能做到入乡随俗，55% 的游客只有做旅游攻略时会花费时间深入了解当地文化。飞猪数据显示，2018 年当地一日游体验产品的订单量同比增长 36%。

5. 打卡网红地与朋友圈分享成为“常态”

游客目的地选择在一定程度上受到网红地的影响。CBNData 调研显示，“90 后”和“95 后”更容易受到社交媒体的影响，Ins 款、抖音款的网红地打卡使得许多冷门小众目的地的热度在短时间内迅速蹿升，网红款旅游商品的订单量同比提升 722%。网红景点在线上的爆火带来了线下旅游客流量的显著增长，个推数据显示，洪崖洞、李子坝地铁站、宽厚里老街、永兴坊、玉林路小酒馆、奥陶纪公园、长江索道等 7 个网红景点在 2018 年国庆期间的游客接待量均比 2017 年同期有较大增幅，其中洪崖洞旅游客流量同比 2017 年近乎翻一番，李子坝地铁站同比增长 82.2%。年轻游客更容易受网红景点吸引。从游客年龄构成上看，7 个景点 35 岁以下游客平均占比高达 66%，其中奥陶纪公园、宽厚里老街、永兴坊的 35 岁以下游客占比已超过 70%，占比分别为 74%、73% 和 71%。

6. 游客住宿选择呈现多元化发展态势

特色民宿受到青睐，易观数据显示，2017 年在线民宿交易规模同比增长 64%。此外，以入住“星级酒店”、朋友圈分享打卡为目的也逐渐成为一种新型旅游形式。第一财经商业数据中心（CBNData）调研显示，“酒店摘星控”[①] 的队伍在不断扩大，2018 年“酒店摘星控”用户数规模同比增长超过 60%，越来越多的人愿意以高价体验品质酒店；特别是一些网红星级酒店，如新加坡滨海湾金沙酒店、贝拉吉奥度假村等也成为“酒店摘星控”的“打卡地”。

三、满足游客个性需求的文化旅游产品及 IP 创新

1. 以故宫为代表的传统博物馆

中国旅游研究院与马蜂窝自由行大数据联合实验室数据显示，以故宫、陕西历史博物馆为代表，国内众多博物馆不断尝试新潮玩法，让历史与文化变得更加鲜活生动。其中，秦始皇兵马俑博物馆的人气最旺，吸引了大量游客的关注。国内热门博物馆剩余九名依次是：故宫博物院、陕西历史博物馆、苏州博物馆、南京博物院、中国国家博物馆、中华艺术宫、金沙遗址博物馆、台北故宫博物院和湖南省博物馆。有着 600 年历史的博物馆——故宫博物院，通过努力成为年轻人追捧的“网红”，从文创产品到综艺节目，从咖啡店到彩妆，再到手游，故宫不断在尝试新的玩法，迎合市场需求。文创是有自主知识产权的，通过提取文化中的元素，重新设计出符合当代人需求的产品才能叫文创产品。截止到 2017 年 12 月，故宫共接待了 1670 多万人次，研发文创产品 10500 种，件件都有自主知识产权。事实上，故宫自身作为 IP 能够为消费者购买提供更多的信息，通过提高自身的影响力扩大故宫文创知名度，吸引消费者的注意力。

① 近一年订购过境外五星级及以上酒店且入住时间在周末的用户，不包括商务旅行。

2. 主题乐园及景区文创 IP

主题公园不仅是一种文化产品，更承载着民族文化意识形态。越来越多的景区正在开展 IP 建设，通过景区 IP 的引入，丰富景区内涵，延伸景区产业链。中国旅游研究院等发布的《全球自由行报告 2018》数据显示，国内众多主题公园中，最受游客欢迎的是长隆野生动物园（亚洲最大的野生动物公园，以大规模野生动物放养和自驾观赏为特色），位列其次的是珠海长隆海洋王国（世界上最大的海洋主题公园，也是全球首家将大型游乐设施与珍贵动物展区相结合的主题公园），上海迪士尼乐园仅排在第三位。这说明中国本土品牌正在扎根于本土文化，创新形成更契合中国游客的个性化消费需求的主题公园产品。西安大唐芙蓉园和杭州宋城景区分别位列第四位和第五位。以大唐芙蓉园为例，作为首家唐文化主题公园的大型皇家园林式国家级 5A 景区，不断创新充分运用“科技 +”“文化 +”等手段，在现有 14 个文化区的基础上，从建筑、餐饮、歌舞、音乐、民俗等多个角度，全方位展示盛唐历史风貌，在运营管理、服务保障、文化传播、旅游发展等领域获得了显著成绩。

3. 文化旅游创意产业园区

随着旅游业的高速发展，人们对旅游资源的需求也越来越多样化。许多旅游景区意识到要想使景区实现可持续发展，除了必备的充足资金、优秀设施、良好区位等，还需增加自身的独特性和文化创意性，文化旅游创意产业应运而生。文化旅游创意产业的发展滋生了一种新型的旅游目的地，即文化旅游创意产业园区。文化创意园区在文化底蕴深厚、创意含量丰富的特定空间内，以个性化文化创意构成旅游吸引物，以满足游客“一站式体验需求”为标准，打造完整的旅游及相关产业链，从而形成的旅游景区、企业及相关部门的空间集中和功能集聚区。主题公园、影视（动漫）基地、艺术园（社区）、节庆演出基地和新兴街区是文化旅游创意产业园区发展的五大主流模式。在文旅融合过程中，文化可以为旅游提供丰富的内涵，旅游可以为文化提供新的发展空间和营销渠道，通过文旅融合创新构筑起企业独特的核心竞争力，奠定企业做大做强的基础。

四、结语

新时代，要依托城乡居民丰富多彩的当代文化，加快丰富旅游资源和产品体系，充分考量游客对美好生活的需要，不能按照之前的传统仅依赖自然资源和历史文化资源，要有面向当代生活、面向未来的文化创造，靠有吸引力的文化内涵的产品吸引新时代游客，以文化创意为核心的持续创新，是旅游相关企业紧跟市场变化，保持持久竞争力的根本所在，也是其能够不断做大做强的基础。同时要进一步营造有利于文化和旅游企业发展的营商环境，坚定不移地走市场化和产业化的发展道路，通过更大力度的财政和金融政策支持旅游企业的创业创新，提升微观市场主体活力。

【参考文献】

[1] 唐晓云. 确立以人民为中心的旅游发展观 [N]. 中国旅游报，2018-04-04（003）.

[2] 黄妍. 文化旅游创意产业园区游客动机及行为研究 [D]. 浙江工商大学，2015.

[3] 戴斌. 优化旅游供给 满足人民美好生活需要 [N]. 中国旅游报，2017-11-29（003）.

[4] 张国洪. 中国文化旅游——理论、战略、实践 [M]. 第一版. 天津：南开大学出版社，2001.

[5] 马静. 旅游者跨文化旅游行为比较研究 [D]. 东北财经大学，2011.

[6] 马波. 现代旅游文化学 [M]. 第1版. 青岛：青岛大学出版社，1998.

[7] 蒙吉军，崔凤军. 北京市文化旅游开发研究 [J]. 北京联合大学学报，2001（1）：120-124.

三亚国际旅游消费中心建设
——基于需求侧的思考

赵　宽，张　帅

一、背景剖析

为深入贯彻习近平总书记在庆祝海南建省办特区 30 周年大会上的重要讲话精神和《中共中央、国务院关于支持海南全面深化改革开放的指导意见》的总体要求，落实《海南省建设国际旅游消费中心的实施方案》和《中国（海南）自由贸易试验区总体方案》，打造三亚国际旅游消费中心城市，建立旅游高质量发展示范区、旅游体制机制创新试验区，本报告从需求侧重点探讨三亚建设国际旅游消费中心的市场现状及主要矛盾，并提出对策路径与发展建议。

从产业发展现状来看，三亚目前在政策红利、旅游资源、产业基础、细分市场、消费环境等方面，在国内旅游目的地中相对优势显著。但在消费升级背景下的旅游消费升级、潜力型消费市场的引流、差异化旅游相关的产业链培育、国际化水平的消费服务质量、环境与配套设施等方面，距离世界上的航母型、成熟型滨海旅游目的地，还有很大差距。在发展型滨海旅游目的地中，三亚仍属于“初期发展型”选手①（见图 1）。

［**基金项目**］本文系 2018 年度海南省社科联项目“三亚城市形象的国际化传播策略研究”［项目编号：HNSK (YB) 18-65］的研究成果之一。

［**作者简介**］赵宽（1982—），男，河南郑州人，中国旅游研究院博士后，三亚市旅游协会秘书长。研究方向为旅游目的地国际营销、旅游企业社会责任等。张帅（1984—），女，海南三亚人，海南热带海洋学院人文社科学院讲师，博士。研究方向为媒介研究、旅游传播等。

① 《三亚国际化发展监测体系年度报告2017.06.~2018.05.》图中，“航母型”目的地是指：入境市场规模绝对领先，国际游客为主，国内游客为辅；代表目的地：马略卡。“成熟型”目的地是指：入境市场规模及国际游客占比均处于十二大目的地中游水平。代表目的地：迈阿密、登巴萨、坎昆、普吉岛。“长尾型”目的地是指：入境市场规模一般，但国际游客占比超高。代表目的地：马尔代夫、芽庄、关岛。“发展型”目的地是指：入境市场规模及国际游客占比均低于十二大目的地平均水平。代表目的地：三亚、兰卡威、黄金海岸、檀香山。

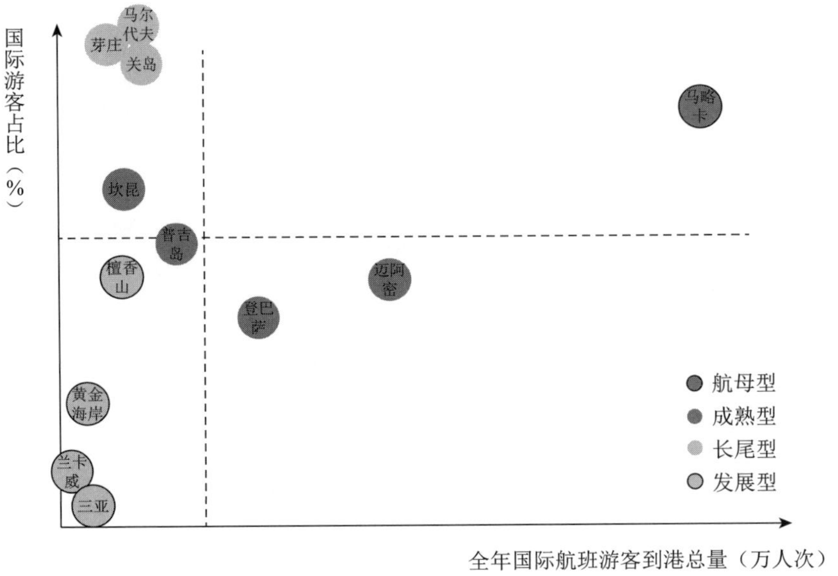

图 1　三亚及主要竞争型目的地国际航班到港量与国际游客占比

从实施路径来看，中共中央“12 号文件”指出了关于“创新促进国际旅游消费中心建设的体制机制”的三大路径（见图 2），从消费行为理论①来看，“提升旅游消费服务质量”，主要满足游客的“保障型”需求；“大力推进旅游消费国际化”，主要满足游客的“期望型”需求；而“拓展旅游消费发展空间”，则

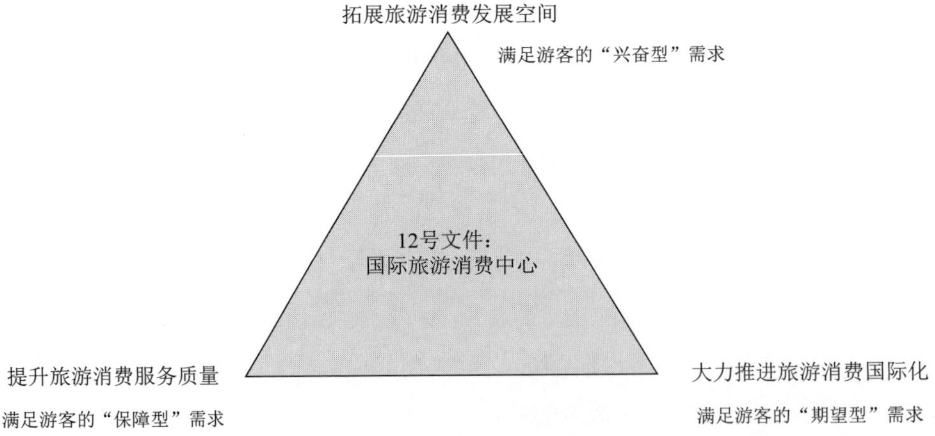

图 2　“12 号文件”提出的三大路径与消费行为理论之间的对应关系

① KANO 模型是东京理工大学教授狩野纪昭 (Noriaki Kano) 发明的对用户需求分类和优先排序的有用工具，以分析用户需求对用户满意的影响为基础，体现了产品性能和用户满意之间的非线性关系。

主要满足游客的“兴奋型”需求，三者之间是有递进关系的。“保障型”供给不足，游客大量流失；保障供给优质，存量市场会产生较多的二次、三次消费，但无法触及更多的增量消费市场。“期望型”需求的供给与需求满足程度呈线性关系，即供给越多越好，游客满意度越高。而“兴奋型”需求，如恰当有效地提供，则会获得非常忠诚的市场份额。三大路径的层次递进关系，为国际旅游消费中心的工作优先级提供了清晰的指南。

二、国际旅游消费中心：概念与内涵

（一）国际消费中心

国际消费中心是全球化持续发展、全球消费市场一体化的产物。20 世纪 90 年代以来，发达国家的一些国际大都市从消费城市发展中脱颖而出，迅速成为国际消费中心。国际消费中心是全球化时代国际大都市重要的核心功能，是具有丰富消费内容、高端消费品牌、多样消费方式、优越消费环境，吸引全球消费者的高度繁荣的消费市场，是全球消费资源的配置中心以及引领全球消费发展的创新高地。例如，东京在六本木新城发展中将商业与文化、旅游观光相结合，通过引入东京电影节、森美术馆等文化活动和设施，提升了六本木在文化艺术消费方面的品牌形象，并成为重要的旅游景点，年接待国内外游客 3900 万人次。

国务院发展研究中心相关学者[①]认为，作为消费城市发展的高级形态，国际消费中心具有以下主要特征：全球消费市场的制高点，具有强大的消费实现功能；全球消费资源的集聚地，具有高效的消费配置和带动功能；全球消费发展的风向标，具有突出的消费创新和引领功能。从全球范围看，国际消费中心的形成发展具有一些共性条件和趋势：一是国际消费中心的形成与经济发展水平密切关联，二是国际消费中心是消费全球化的推动者和受益者，三是国际消费中心发展日益多样化和层次分化，四是国际消费中心发展依赖于开放包容的环境与完善的制度政策。

① 刘涛，王微．国际消费中心形成和发展的经验启示［J］．中国中小企业，2017（5）．

（二）国际旅游消费中心

2018 年，海南省围绕招商引资和产品打造、夯实发展软硬环境、提高国际化水平和加强行业监管等多项举措推动海南旅游业持续释放产业红利，以高质量发展向着国际旅游消费中心的目标迈进。根据《海南省建设国际旅游消费中心的实施方案》的战略定位，旅游高质量发展是国际旅游消费中心建设的保障，旅游体制机制创新是旅游业为龙头的现代服务业体系在全国范围内试验的海南范例，而世界知名国际旅游消费胜地既是上述手段的直接成果，也是全球化背景下海南及三亚旅游发展的目标。

（三）国际成熟旅游消费中心及其经验

根据 2018 万事达卡全球旅游目的地城市指数（GDCI）公布的数据，全球十大国际游客目的地城市依次为曼谷、伦敦、巴黎、迪拜、新加坡、纽约、吉隆坡、东京、伊斯坦布尔、首尔。这是在旅游消费规模及国际化两大视角下评选出的成熟旅游消费中心的典型代表。下文以新加坡及迪拜为例进行说明。

1. 新加坡：奢侈品消费比重下降，旅游消费比重上升

相关研究[①]显示，过去十年间，新加坡入境旅游市场客源地地理集中指数位于 31%~35%，且变化较为稳定，旅游客源市场较广，对全世界各地的旅游者具有一定吸引力；入境旅游季节集中指数 R 值位于 0.5~1，客源地年际集中指数位于 0~4，表明旅游客流的季节变动强度较小，客源地游客年际变化较小，入境旅游市场客源量较为稳定；旅游者的旅游消费行为具有多样性，旅游购物和奢侈品消费的支出有所下降，而景点的开支呈现上升的趋势，旅游消费回归理性。

新加坡环境优美，素有“花园城市”的美誉。新加坡旅游局不断促进旅游环境的改善，通过绿化环境，增加公园风景区、高端商务会议场所、综合娱乐场所和综合度假胜地等，大力建造了许多人文景观，同时，融汇了东西方文化特色，形成了丰富多彩、兼收并蓄的特点，使新加坡旅游吸引物丰富多样，满足全球不同年龄段旅游者旅游需求。从近十多年新加坡旅游局统计的数据来看，付费景点中圣淘沙和 MBS/RWS 度假地成为游客访问的热点旅游地，且两者的

① 李能斌，陈金华．新加坡入境旅游客源市场时序变化与特征研究［J］．东南亚纵横，2016（3）．

访问比例达到总数的50%左右。圣淘沙岛于20世纪70年代被改造成一个旅游度假村，有着丰富多样的娱乐设施和休闲活动区域，成为游客最青睐的旅游景点之一。MBS/RWS度假地是新加坡当局于2010年开放的以博彩、购物、度假和休闲为一体的综合性度假胜地，近年来，游客访问量逐步增加，开始成为游客的首选旅游地。

2. 迪拜：以开放为基础，聚焦全球增量旅游市场

对全球“增量旅游市场”的聚焦式开拓，将是迪拜未来几年的战略方向重点。据迪拜官方透露，2020年，迪拜游客总量将达到2000万人次，旅游产业产生较目前3倍的经济贡献，甚至在赢得2020年世博会主办权之前，迪拜就已定下这个雄心勃勃的目标。

据官方统计数据，2017年，迪拜酒店入住量已突破1100万人次。在Trip Advisor上，迪拜在酒店和购物两项指标的投票都高居榜首。目前，休闲娱乐相关活动占到迪拜旅游业80%，剩下的是公务旅行，包括出差、展会，或拜访在迪拜经营业务的大型企业。自2008年全球经济走低，许多大型企业不断在迪拜扩展业务，设立办公室，在更小范围内整合，迪拜因此从中获益。举办大型活动是迪拜休闲旅游业的一大重要推动力，以迪拜购物节为例，此项盛事已连续举办20年，此外，迪拜夏日惊喜月购物节、迪拜美食节、迪拜艺术博览会，均已成为有一定影响力的常规活动。迪拜如今成为全球重要音乐巡演活动的一大站点，国际天后Lady Gaga、全球人气偶像组合One Direction也先后在阿联酋开唱。

此外，阿联酋航空在世界舞台上的持续成功为迪拜带来更多游客，迪拜机场也为游客提供了超乎寻常的用户体验。自2000年扩建以来，迪拜机场获得的包括“世界最佳机场”在内的各项大奖已经超过30个。迪拜机场在外形上由东向西一字排开，从东到西，可坐免费电动交通车，这种构造非常简洁、一目了然；迪拜机场虽大，但内部标识分明，每隔二三十米就有指示箭头，向乘客提醒所在方向位置；迪拜机场24小时营业的免税店，占地5400多平方米，来自世界各国的品牌汇聚在这里，商品款式新颖，价格低廉；机场专设的休息区不仅非常安静，还有32张宽大舒适的大沙发供旅客休息；机场餐饮区备有25种不同烹调风格的饮食供人挑选，而且价格便宜。此外，旅客在迪拜机场还可以

享受落地签证服务。便捷舒适的服务已成为迪拜机场的金字招牌，吸引了来自世界各地的旅客前来转机。

对迪拜而言，尚待开发的旅游市场中最大的蛋糕便是目前在迪拜转机却足不出机场的数百万游客。另外，迪拜当前的一项重要任务是努力让乘客在城市停留更长时间。迪拜官方旅游部门认为，游客一旦体验过迪拜，满意度和忠诚度都极高，“亲身体验”是最好的公关和推广方式。

三、三亚国际旅游消费中心：需求侧的调研发现

（一）七成游客消费位于 4000~20 000 元之间，半数为“回头客”

2017 年，课题组对于在三亚的游客进行了抽样调研，之后的数据分析发现[①]，68.2% 的游客，当次在三亚的所有花销（往返机票等大交通除外）位于 4000~20 000 元之间，44% 的游客全部花销在万元以上。

54.8% 的游客，为二次及多次消费，第三次及以上到访三亚的游客，占比 32.6%，度假特征显著。

年龄结构上，40 岁以上游客占比 46.9%，50 岁以上游客占比 29.1%，中老年游客比重较高，这与三亚定位的优势市场养老、亲子等群体结构特征高度相关。

（二）近七成“为度假而来”，半数为海岛度假的“中重度”偏好者

从出行动机来看，68.5% 的游客为“度假休闲”，而观光旅游的占比为 43.8%，疗养、购物目的的，分别占比 12.9%、12.5%。

46.9% 的游客习惯将海岛度假作为一种生活方式，每年到海岛度假 2~3 次，13.2% 的人群则每年达到 4 次及以上。值得注意的是，59.7% 的游客有到国外海岛度假的习惯，其中，普吉岛、马尔代夫、夏威夷、巴厘岛、黄金海岸、塞班岛的偏好集中度相对较高。且消费水平越高，对毛里求斯、兰卡威、迈阿密、关岛、大溪地、帕劳等相对小众的目的地，受欢迎程度也越高。

（三）对未来旅游配套的需求

海洋旅游方面，游客对于渔业风情小镇、水上风情街的需求均较为旺盛。

---

① 调研在海棠湾、三亚湾、大东海、亚龙湾几大湾区进行样本分布，采集有效样本 484 份。

健康旅游方面，游客对于温泉、中医主题的特色保健服务、高端养老、理疗康复服务均有显著需求。

农业旅游方面，游客对于热带水果种植与观光园的兴趣最强，其次是农业园区。

活动与休闲旅游方面，游客对于精品展会类的活动最为看好，其次是潜水、马术等体验项目，以及各种类型的比赛活动。

商贸物流措施方面，游客对于扩大提高免税购物品类及限额、发展生鲜物流、完善物流体系并提升物流效率，均有一定的诉求。

城市基础设施建设方面，游客对于慢行交通体系、城市主干道及路网完善、智能交通系统、水上交通体系均有一定的诉求。

四、三亚国际旅游消费中心：基于需求侧的思考

（一）提升旅游消费服务质量，确保游客"基本型"需求

首先，企业与业态强化方面，应支持符合条件的本地企业上市融资，促进旅游产业规模化、品牌化、网络化经营，形成一批具有国际竞争力的旅游集团。鼓励发展各类生态、文化主题酒店、"一村一特色"中小型家庭旅馆，推进经济型酒店连锁经营，继续引进国内外高端酒店集团和著名酒店管理品牌，打造三亚高端精品城市。高标准布局建设具有国际影响力的大型消费商圈，完善"互联网+"消费生态体系，鼓励建设"智能店铺""智慧商圈"支持完善跨境消费服务功能。

其次，高标准布局建设大型消费商圈。高标准、差异化布局具有国际影响力的大型综合性消费商圈，建设高品位步行街，发挥高端商业的集聚效应。提升重要旅游区和休闲度假区的商业配套水平，推进在重点旅游区内设置通宵营业酒吧和娱乐演艺场所。

再次，健全多元化住宿服务体系。继续引进国内外高端酒店集团和著名酒店管理品牌，推动高档酒店品牌化、国际化、精细化发展。推进经济型酒店连锁经营，鼓励发展各类生态、文化主题酒店和特色家庭旅馆。探索发展共享住宿，建立闲置房屋盘活利用机制，推动使用标准化住宿服务电子合同和评价体系，规范房屋分时租赁经营，有序发展"共享农庄"和主题民宿客栈。严禁以

旅游开发名义变相建设房地产。

还有，打造世界美食中心。组建大型餐饮集团和餐饮连锁企业，引入优势品牌企业特别是中华老字号餐饮企业入驻。建设特色美食街、夜市街区等，推广琼菜美食文化。在重要外事活动和重大节展赛事期间举办国际美食大赛等活动。积极引入餐饮行业国际权威鉴定机构，宣传海南特色美食。

另外，公共服务方面，积极推进旅游 APP 监管服务平台建设，加强旅游大数据的采集与应用，实现“互联网 +”消费生态体系。加强与国际组织及院校名师合作，开展旅游企业人员外语培训、服务技能大赛等活动。实行旅游领域信用“红黑名单”制度，引导企业诚信守法经营，惩戒旅游市场失信行为，实现信用监管。与知名交易平台合作，推进建立“口碑三亚”。优化升级“124”旅游市场治理体系，加强旅游市场监管，切实维护旅游者合法权益。对标国际标准，制定相关服务标准，全面提升涉旅企业服务水平。加快建立与国际通行规划相衔接的旅游管理体制，推动更多企业开展国际标准化组织（ISO）质量和环境管理体系认证，提升企业管理水平。

最后，数据驱动方面，积极发挥三亚国际旅游智库作用，定期举办三亚旅游发展论坛，助力海南自由贸易区（港）建设。健全国际旅游监测体系，扩大监测对象，完善监测指标体系。从对科学数据的有效利用和开放程度来看，三亚旅游已经走到国内多数目的地的前列，其月度公布旅游经济运行数据、国际化旅游发展监测体系就是很好的案例，但是三亚在国际化的数据开放及应用方面，仍需要对标发达国家，开启数据科学和数据开放的国际化模式。

（二）大力推进旅游消费国际化，满足游客“期待型”需求

入境通道方面，进一步完善海陆空交通基础设施，加快推动三亚新机场建设。优化调整航路航线，增加更多境外航班时刻容量。加密三亚直达主要客源地的国际航线；重点开通直飞“一带一路”沿线国家和地区的航线；推动开通没有直达航线的 59 个免签国的航线，建立互联互通空中桥梁，为入境游客提供便捷通道；加密香港至三亚的往返航班，依托香港开展“一程多站”航线，丰富香港“一程多站”旅游产品，吸引到访香港的境外游客和香港本地人更加便捷地来三亚旅游度假、购物消费；推动与广州白云机场等国内全球性航空枢纽合作开辟免签证中转服务，充分利用该类机场国际航线资源；分步骤推进三亚

至亚洲地区、俄语地区、欧洲地区和北美地区的航线开通，到2020年境外直飞航线达50条，“4小时、8小时、12小时”航程国际市场圈渐趋成形。完善通用机场布局。加快建设公共游艇码头，推动游艇业基础设施和配套设施建设。

公共服务方面，根据《2015—2016年度三亚市境外新媒体整合营销调研报告》，对于中国香港地区、英国、美国等三亚的重要英语目标市场来说，官方网站是仅次于旅游点评网站、综合搜索引擎、亲友口碑的重要目的地信息渠道。官网服务上，除了保持面向重要客源市场的语言版本数量，在内容架构上，需要参考黄金海岸、普吉岛等官方网站的做法，将“事件与活动”作为重要板块，以“提前告知”而非“事后报道”的形式，传递给目标市场。如黄金海岸与普吉岛，分别在其官方网站首页与二级页面上，传播近期即将上线的“大型事件与活动”。在每平方公里的外币兑换公司网点数量上，三亚相对优势显著，但仍需要做更多资源布局。

相关政策与标准化建设方面，放宽港口口岸通关及出入境管理限制，允许外国游艇帆船在三亚使用海域。试点引进外国劳务人员，加快改善外语环境。

创建旅游服务标准创新基地，制定符合国际通行范例、具有海南特色的旅游标准体系和作业程序，在现有6项特色地方标准的基础上，进一步研究制定海鲜餐饮、热带水果、旅游诚信等相关旅游服务地方标准。与国际标准化组织（ISO）及其他国内外标准化组织建立合作关系，推动更多企业开展国际标准化质量和环境管理体系认证。鼓励涉旅企业开展管理体系和服务认证。

国际营销方面，来自美国学者的研究表明，海外旅游办事处是向目的地国家游客传递旅游信息的重要组织，且伴随旅游目的地全球化竞争水平的逐渐提升，海外旅游办事处的作用也愈渐显著。全球化趋势改变了消费者“旅行及去哪儿旅行”的行为方式，而唯有深入客源地的海外办事处，才能在激烈的竞争中获取目标市场份额。随着入境市场结构的不断丰富变化，海外办事处的核心工作，也聚焦到打理旅游贸易中介机构、媒体、产业链合作伙伴关系、发展关系营销等目的地可持续发展的工作中来。

根据《海南省建设国际旅游消费中心的实施方案》的相关措施，在海南省成立省级旅游推广公司，逐步在国（境）外设立办事处的背景下，三亚作为地级市，可借鉴夏威夷、昆士兰等地的国际化营销理念，“联姻”大三亚旅游经济圈甚至海南全省区域，共同设立境外营销分支机构。根据世界发达国家在中国设立境外旅游联络处的经验，由旅游目的地委托联络处所在地的专业第三方机构，全权代理其当地的市场营销与推广工作，是普遍的合作模式。专业第三方机构在市场推广专业度、本地市场熟悉度、工作便利度与低成本等方面，具有与目的地外派人员等模式不可比拟的优势，因此也成为目的地官方境外旅游推广的主流运营模式。

国际合作方面，积极对接 UNWTO（世界旅游组织）、ICCA（国际大会及会议协会）、PATA（亚太旅游协会）、TPO（亚太城市旅游振兴机构）、WTTC（世界旅游理事会）等国际旅游组织，加强三亚与亚太和全球各城市之间的交流与合作，借助国际组织会议期间，举办三亚旅游专场推介会，扩大三亚的国际影响力；加强与海上丝绸之路沿线国家的交流合作，举办澜湄国家旅游城市（三亚）合作论坛。引进国际知名品牌赛事，继续举办世界小姐总决赛、克利伯环球帆船赛、FE 电动方程式赛车等文体赛事活动，争取与国际相关城市联合举办三亚国际时装节、三亚国标舞大赛等。

国际市场定位方面，深耕重要的“利基”市场。利基是英文名词“Niche”的音译，指向那些被市场中的统治者 / 有绝对优势的企业忽略的某些细分市场。“利基”市场规模相对不大，但较为稳定且有良好的成长性，比如传统的欧洲客源市场英国、德国，又如成长较快的亚洲市场，中国是这一客源市场的典型代表。《三亚国际化旅游发展监测体系年度报告》发现，长尾型目的地入境市场规模一般，但国际游客占比超高（几乎全部为国际游客）。典型代表目的地为马尔代夫、芽庄、关岛。这三大目的地分别拥有各自重要的“利基”市场，如马尔大夫的重要客源市场包括中国（25.2%）、德国（8.3%）、英国（7.9%）；芽庄的重要客源市场包括中国（31%）、韩国（18.7%）、日本（6.2%）；关岛的重要客源市场包括日本（50.4%）、韩国（34.8%）。

在深耕“利基”市场方面，三亚近年动作频频。三亚—伦敦直航航线将于 2018 年 7 月 12 日首航。该航线作为“59 国免签新政”实施后开通的首条洲际航线。三亚—伦敦直航航线的开通既是三亚构建 12 小时航空圈的丰硕成果，也是海南深耕英国市场多年的回报，更是“59 国免签新政”实施深化改革开放的具体实践。该航线的开通，不仅打通了三亚走向西欧的旅游通道，方便国内游客从三亚飞往伦敦，也能以伦敦为支点增进西欧国家对三亚的了解，吸引更多的欧洲游客来到三亚、海南度假。在前期营销、签证及交通便利性提升等“市场引流”的诸多努力之后，深耕“利基”市场的工作，才刚刚开始。三亚需要借鉴成熟旅游目的地、发达国家目的地的做法，深入研究“利基”市场游客“画像”、出游习惯、目的地感知、出行体验，定期公开发布调研报告，为产业链相关企业、公共服务相关管理者，营销决策者，提供基于“数据洞察”的科学指导。

（三）拓展消费空间，培育新业态，创造游客“兴奋型”需求

产业布局方面，发展“旅游 + 海洋”，打造融邮轮游艇文化、海洋体验、顶级表演及民俗风情于一体的多样化旅游产品，满足邮轮游艇旅客高端旅游体验需求；开发滨海娱乐设施、游艇俱乐部等，积极开展帆船、沙滩球类竞技等各种运动体验；发展岛礁观光旅游、海洋休闲运动、丰富海洋旅游产品体系；大力发展海洋牧场，促进休闲渔业发展。发展“旅游 + 低空”，建立更多的可体验低空飞行的乘机点，开发更多的创新飞行体验项目及定制化的飞行服务。发展“旅游 + 美食”，组建城市级的海鲜餐饮市场，打造国际海鲜美食之都。发展“旅游 + 康养”，促进中医理疗等健康旅游产品快速发展，形成文体旅游和健康旅游为特色的旅游产业体系。发展“旅游 + 体育”，鼓励发展沙滩运动、水上运动等项目，建设太极文化、潜水、冲浪等国家体育训练基地和省级体育中心，打造国家体育旅游示范区。

打造本土特色旅游品牌，举办三亚全球婚礼蜜月岛屿论坛，召开全球婚庆旅游产品交易大会，将三亚打造成为全球婚庆旅游产品交易核心枢纽城市；大力发展符合三亚实际的自主特色精品展会，积极鼓励国内有实力的知名会展公司和配套服务企业落地三亚；开发亲子游、科普游等旅游产品，组织开展亲子等主题营销活动。引进大型主题公园和旅游综合体，增强游客的参与性和体验性。

文旅布局方面，文化遗产保护与申请，是延续目的地独特文化基因的手段，其申请过程本身，也是提高三亚网络声量、吸引国际游客关注的内容素材。2018 年 5 月，从三亚市政府第 28 次常务会议获悉，为进一步做好三亚市非物质文化遗产保护工作，通过普查筛选出《黎族钱铃双刀棍棒舞》《苗族招龙舞》

《游公节》3 个项目，作为三亚市新的“非遗”申报项目。以古崖州、榆林港等独特文化基因为起点，以非物质文化遗产申报为契机，以建筑、手工、民俗、本地生活等元素作为与国际游客对话的“语言”，而不仅仅依赖于直接沟通的语言，这些“山海”之外的文化内容传承，对于塑造三亚的“国际对话语境”，至关重要。

推动文化与旅游相结合，大力发展动漫游戏、网络文化、数字艺术、数字阅读、知识产权交易等新型文化消费业态。发展国际版权贸易，鼓励具有中国特色的影视、出版、演艺、动漫、游戏、软件等产业的版权输出。规划和建设一批具有鲜明特色、兼具文化和休闲功能的小型博物馆、非遗馆、图书馆、文化馆等公共文化设施。积极开发特色文化创意产品。彰显本土特色文化，丰富城市休闲体系，提升国际热带滨海旅游城市文化气质。深入挖掘黎苗族、红色、宗教、美食、名人等特色文化资源，引入国际高知名度品牌 IP，推出一批具有国际水准、体现三亚特色、形式新颖别致的高端旅游体验项目。打造 IP 吉祥物，塑造三亚旅游新形象。重点打造一批深受中外游客喜爱的特色旅游街区，如海洋特色美食街、特色工艺品街等，形成“吃喝玩乐看”昼夜衔接的旅游产品供给体系。积极打造中国文化中心，聚合中国各地最优秀的文化在三亚展示。与“一带一路”国家和地区开展文化合作，共建东南亚、南亚文化中心，形成中国文化和东南亚、南亚文化集聚区，形成一个中外文化交流展示和国内外游客体验的大平台。结合国际大型赛事活动，创新开发旅游体验线路，宣传推介三亚旅游形象，提升三亚国际旅游消费中心城市文化气质。

产业政策方面，实施更加开放便利的离岛免税购物政策。设立中国国际邮轮（三亚邮轮母港产业园）旅游发展实验区，开辟无目的地公海游航线试点，拓展东南亚相关国家、环南海等邮轮旅游航线。开发特色西沙邮轮旅游产品，与三沙市共同探索稳步开放海岛游。放宽游艇旅游管制，把三亚建设成为中国一流的游艇消费目的地、世界一流的游艇品牌展示窗口和游艇产业改革创新试验区。打造三亚海上旅游合作开发基地，成立“21 世纪海上丝绸之路沿线旅游城市联盟”，举办 21 世纪海上丝绸之路（三亚）旅游合作论坛，研讨确定三亚海上旅游合作机制，发展近岸观光、岛屿旅游等，促进热带海洋经济发展。统筹“大三亚旅游经济圈”协同发展，打造蓝绿互补精品旅游产品。扎实推进全域旅游建设，打造热带海岛乡村旅游目的地。

（四）让本地居民、从业者共同参与到旅游生态中

旅游业，包括旅游及文化间与亚文化间的交往和接触，很显然地成了当代人类学关注的领域之一。旅游，不仅仅是游客的生活方式，更是从业者的生活方式，同时也与本地居民的“文化认同”及参与度息息相关。例如，2018 年政协三亚市委员会组织的云南调研发现，母亲纳西族、父亲藏族的“酒吧老板 + 驻唱”，来自云南保山、住在沙溪附近村庄里的“咖啡厅老板 + 咖啡师”，这些源自本土、热爱家乡、多重角色的人才，扎根服务行业，尽管经历着淡旺季的经营波峰与波谷，他们依然对自己的事业不离不弃，因为这里是他们赖以生存的故乡。中小微商业是大型文旅项目的有益补充，也是汇成城市生活图景的重要板块。我市需要扶持一批这样的中小微商业下、具备国际化视野与经验的本土人才，长期扎根，为多样化的旅游服务业态，提供生生不息的、高品质的服务保障。

放眼国际，在关岛、夏威夷的旅游官方管理网站中，不仅提供基于季度或年度的游客满意度调查报告，同时还提供定期针对本地居民态度的调查报告。

国际化的旅游业人才，是产业发展的关键要素。迪拜的“准入前国民待遇”可供参考。外国企业在设立、取得、扩大等阶段给予外国投资者及其投资以不低于本国投资者及其投资的待遇。迪拜自贸区规定企业可拥有 100% 的所有权，并且自贸区没有外汇管制，园区企业利润和资本也可自由调拨回国。为鼓励外国人到自贸区投资和工作，迪拜自贸区实行特有的劳工政策，如企业雇佣外国员工没有限制；自贸区简化工作签证申请程序，降低其签证费用，并按投资额和企业规模提供一定的免费工作签证名额。此外，在自贸区申请工作签证不实行担保人制度，因为根据中东地区的法律，外国人设立公司须遵循保人制度，即必须由当地人作保，且保人持股至少占比 51% 甚至 100%，而自贸区刚好可以规避这项规定。

旅游市场主体和产业研究

演艺企业传承中华传统文化的特色经营之道
——以北京老舍茶馆为例

马爱萍，李冰洁，潘亚婷

（北京第二外国语学院旅游科学学院，北京 100024）

【摘　要】老舍茶馆作为演艺企业的优秀代表之一，在传承和弘扬中华优秀传统文化上不懈探索，取得了不俗成绩和珍贵经验。本文从文化引领、商业融合、产品创新、民俗体验、外交窗口、科技融入和公益善行七个方面，对老舍茶馆的企业特色经营之道进行分析，以期为同类演艺企业提供借鉴。

【关键词】老舍茶馆；传统文化；演艺企业；企业管理

优秀的传统文化是最深厚的文化软实力。习近平主席曾在2014年的文艺座谈会上提到，中华优秀传统文化是民族发展的精神命脉，是涵养社会主义核心价值观的重要源泉，也是支撑我国在世界文化激荡中站稳脚跟的坚实根基。作为重要的文化宣传企业，演艺企业在传承中华优秀传统文化上起到突出作用。

老舍茶馆作为中国改革开放之后第一家民俗文化茶馆，经过三十年的风雨历程，成长为一家知名的品牌连锁集团。迄今为止，已有数百万中外游客访问茶馆，在茶馆品茗听曲，感受中华优秀的传统文化，倾听文明古国的悠远之音。

［**基金项目**］演艺企业弘扬中华传统文化管理创新途径研究（17JD710010）；北京文化演出业与旅游业结合研究（14JGB026）；首都对外文化贸易研究基地一般项目—欧美国家旅游文化演出产业与贸易国际化研究—纽约、伦敦、巴黎、爱丁堡、北京比较研究（WHMY16B003）。

［**作者简介**］马爱萍（1963—），女，博士，教授，研究方向为旅游市场营销、企业管理、文化演艺；李冰洁（1994—），女，河南洛阳人，硕士研究生，研究方向为旅游市场营销、文化演艺、旅游信息化，E-mail：leila0205@163.com；潘亚婷（1996—），女，河南周口人，硕士研究生，研究方向为旅游市场营销、文化演艺、旅游信息化，E-mail：2018110218@stu.bisu.edu.cn。通讯作者：李冰洁，联系方式：18800120207，通信地址：北京市朝阳区定福庄南里一号北京第二外国语学院 100024。

老舍茶馆作为演艺企业的杰出代表之一，在发展过程中探索创新，在传承和弘扬中华优秀传统文化方面拥有众多突出的管理经验和先进做法，值得在业界进行推广和学习。

文化引领

老舍茶馆将独具特色的中华传统文化，即茶文化、京味文化、戏剧文化、饮食文化进行融合，为顾客提供丰富的文化享受。老舍茶馆的前身是一个供应两分钱大碗茶的茶摊，茶文化始终贯穿于其发展的脉络之中。老舍茶馆集合了老北京六大传统茶馆形式，即书茶馆、餐茶馆、清茶馆、大茶馆、野茶馆和清音桌，人们不仅可以品尝各类清香茶宴，还可以接触到众多优质茶品，观看茶艺展示，了解中国茶文化的历史渊源。为打造沉浸式场景，增强顾客的代入感和体验性，老舍茶馆在布景时充分考虑京式建筑造型和装修风格，北京服饰、桌椅摆放等要素，整个茶馆环境优美，京味浓厚。从演出上看，老舍茶馆的常驻节目是京剧演出，这也是京味文化在戏剧方面的一个突出代表，此外，茶馆集合了曲艺、杂技、魔术、川剧，以及民族舞蹈等多种艺术形式，可谓文化荟萃，竞相开放。2006 年，老舍茶馆开设“新京调茶餐坊”，尝试将美食与文化要素进行搭配，两年后茶馆又增开“品珍楼”，可承接酒宴活动，顾客在古色古香的环境中品尝京味菜肴，欣赏皮影戏、民乐等表演，在满足口福的同时追求精神境界的高雅熏陶。文化是管理之魂，是活力源泉，老舍茶馆将中华源远流长、一脉相承的优秀传统文化融入现代生活的场景之中[1]，勾起人们内心深处最真实的审美需求，从而引到企业经营发展方向。

商业融合

获得收益是企业经营发展的重要目的。老舍茶馆针对不同细分客户群体的需求，打造了功能各异的六大经营场所，即艺苑、四合茶院、新京调茶餐坊、品珍楼、演出大厅和京味茶文化产品服务体验售卖区。其中，四合茶院仿照古代庭院建筑造型，打破了传统的餐饮摆桌形式，用多个亭台将场内环境划分成区，使之具备一定的私密性、幽静性，十分适宜商务人士洽谈合作或者三两好友相约品茶聊天。新京调茶餐坊作为创新性餐饮经营场所，将剪纸、皮影、京剧人物、鬃人等融入戏院式装修设计之中，赋予其浓郁的文化氛围。雅致的餐坊、精致的餐品、穿插的表演，为青年顾客提供了一个休闲娱乐的绝佳去处。多元化的商业经营模式，极大地发挥了集合效应，拓宽茶馆的功能性，起到留住顾客、增加收益的作用。

产品创新

老舍茶馆紧跟时代步伐，勇于进行产品创新，将文化传承与商业创意相结合，产生了良好的社会反响。适逢 2008 年北京奥运会的筹备前夕，老舍茶馆的尹智君经理在一次茶会上发现中国六大茶类与奥运五环巧妙的色彩关联，于是独辟蹊径地推出了“五环茶”，并陆续推出了五环茶艺表演和五环茶礼。此举受到了中央电视台、中央人民广播电台等多家新闻媒体的采访和报道，这不仅增加了老舍茶馆的名气，而且成为一张闪亮的“人文奥运”文化名片，发扬了中国传统茶文化和世界奥运精神，重塑了中国茶在国际上的高端形象，促进了中外文化交流。

老舍茶馆不断进行菜品和礼品的创新，在保留京味菜肴的同时，自主研发特色茶菜，如大佛龙井豆腐、茶香竹篓虾、茉莉花茶脆皮鸭等，这些菜品营养健康，深受顾客喜爱。为满足市场的需求，老舍茶馆纯手工打造京味宫廷小吃和茶点，不仅可供顾客现场观看演出时品尝，而且将其制成伴手礼品，采用当代漫画大师李滨声先生绘制的民俗节目画的图案进行包装设计，成为都市年轻人探亲访友的时尚礼品。另外，该系列的茶餐品也荣获了 2015 年第十二届“北京礼物”旅游商品大赛铜奖。不同的节日和时令中，老舍茶馆制作花样小吃，如清明做“青团”，中秋制“茶馅月饼”，春天当季的“炸花椒芽”和夏天避暑“水果茶”等。产品的不断更迭创新使老舍茶馆在传承中华传统文化的道路上别具一格，持续焕发活力。

民俗体验

老舍茶馆致力于传承和弘扬中华优秀传统文化，每逢中国传统节假日，茶馆经常举办各类民俗活动，并邀请顾客进行现场体验，在如今传统节日氛围有所减弱的情况下，这种民俗体验似一股文化暖流涌入人们的心间。老舍茶馆在不同传统文化类别下，开设了民俗演出类、课程类和体验类项目。茶文化方面，茶馆设置了紫砂文化讲解、茶艺冲泡、花艺、香道等项目；曲艺文化方面，包括京味儿文化演出、京剧知识讲授、脸谱绘画、角色体验、老北京商业文化和皮影文化讲解等活动；京味民俗文化方面，则设置了四合院文化、北京兔儿爷文化、风筝技艺等多种讲解项目，以及地方特色鲜明的毛猴、草编、书画等入门教学；饮食文化方面，茶馆组织客人进行京味传统小吃的制作，并开设节气时令与饮食等课程类项目。多样化的体验项目有效地拓宽了老舍茶馆的经营板块，增加了顾客消费的趣味性，能够让消费者尤其是年轻群体了解不同节日的习俗，体味传统文化的美好和深刻寓意。

在不断丰富各类体验活动的同时，近年来，老舍茶馆坚持积极与学校展开合作，包括联合中央财经大学等四所学校开展教师社会实践活动，为对外经济贸易大学的来华留学生们建立中国传统文化教育基地，以及为北京一六一中、西坝河幼儿园等中小学举办系列京味文化专场互动等，开展了产业和学界的广泛交流。这对青少年的文化教育和文化传承具有积极意义，能够促进中西交流，使中华传统文化在当代焕发魅力和生机。

外交窗口

老舍茶馆在发展过程中，坚定先进文化的发展方向，靠民俗文化吸引人，靠外交活动攒人气。1994 年 1 月 15 日，老舍茶馆接待第一位外国元首级贵宾即美国前总统老布什先生，自此起，茶馆陆续接待 80 多个国家共 160 多位国家政要和外交官员，众多社会名流和 500 多万中外宾客，成为名副其实的中外交流纽带和桥梁。老舍茶馆的文化元素数不胜数，其传承文化的方式也多种多样。为更好地方便外国游客进行阅读，大部分解说牌都是中英双语，外国友人在茶馆里待几个小时便可以感受到中国的五千年文化缩影，尤其是部分近现代的老北京人的生活物品和器具，可以更加具象地展示中国独特的社会风貌和百姓生活场景，使参观者感受沧桑变迁的轨迹。

科技融入

发展文化经济要善于借助“互联网 +”等科技力量，促进文化科技的跨界融合[2]。自 2013 年以来，老舍茶馆陆续与一些知名电商平台进行合作，如美团、大众点评、携程网等，着力打造涵盖餐饮、演出、茶品等多维度的销售模式，且茶馆在天猫、京东等平台上开设网店，积极拓宽销售渠道，传播正宗的京味美食与文化。老舍茶馆目前已经建立并管理官方网站，顾客可以在网站上浏览茶馆介绍和新闻等，同时茶馆也拥有官方微信公众平台，定期进行演出、商品等信息推送，顾客可以通过平台了解不同地区的店面介绍，购买茶具、茶食等商品。老舍茶馆利用公众平台，建立微信群，积极开展线下活动，如以茶为媒，提供年轻消费者和全聚德等企业掌门人、民俗专家的定期对话，以及家庭茶会活动——“小饮茶会”[3]，这种用文化熏陶的形式，可以培养年轻人的文化审美，提升文化品位和内涵，也可以促进亲子交流，发扬儒孝文化。茶馆内设有扫二维码获取语音、文字介绍的解说牌，顾客轻松一扫即可了解茶馆，十分便利。老舍茶馆虽然是传统的演艺、品茶场所，但如今已经摇身一变，利用新媒体等科技元素为自己的发展赢得更多机遇。

公益善行

老舍茶馆保留独具特色的“二分钱大碗茶”公益项目，开创了深受老年朋友喜爱的“戏迷乐”活动，并打造出免费的泥塑文化微缩景观——“老北京传统商业博物馆”。二分钱大碗茶茶摊是老舍茶馆创业的缘起，如今保留这一碗茉莉花茶的清香，不仅能唤起老北京人的美好回忆，而且对茶馆铭记过去艰苦创业的精神具有深远影响。为让喜爱品茶听戏的老年人拥有一个精神家园，老舍茶馆自成立以来，每周三下午开设“戏迷乐”活动，邀请一些专业的京剧演员、知名票友跟老年戏迷们同台演出，这一活动由于票价低廉，而且可以饮茶交友，深受老年朋友的喜爱。此外，老舍茶馆用老北京面人的形式呈现了 13 个传统的商业店铺，加上 100 多件涵盖衣食住行的老物件的展示，生动地呈现出老北京人过去的生活方式。以公益的形式让人们拥有心灵栖息之乐土，品尝回忆之甘甜，这样的管理之道助力老舍茶馆形成良好的口碑。

文化传承要坚持以人为本，重视继承方式的活化和传承方式的与时俱进[4]。演艺企业的发展离不开人民，离不开对传统文化的匠心解读。近些年来，老舍茶馆走进社区民生，通过让居民编演微话剧的形式，讲出讲好百姓故事。老舍茶馆在传承中华传统文化上坚持“心与心的连接”[5]，具有众多突出经验和先进做法，创造文化环境，贴近人们生活，丰富感官体验，造福社会发展，引发人们对传统文化的强烈共鸣。

【参考文献】

[1] 范周. 浅谈传统文化传承与创新 [J]. 人文天下，2017（2）：2-4.

[2] 金元浦. 互联网+时代：文化科技创新—创意新特征 [J]. 江苏社会科学，2016（2）：250-256.

[3] 杨卫远，尹智君：老舍茶馆的前世今生 [J]. 经理人，2018（2）：72-75.

[4] 范周，关卓伦. 让传统文化闪光，点亮中华文化传承 [J]. 人文天下，2017（7）：2-4.

[5] 戴琪，尹智君：大碗茶香满京城 [J]. 中国品牌，2016（11）：60-61.

文旅融合背景下传统旅游企业转型升级研究

朱舜楠

（中国旅游集团有限公司旅游产业研究院，北京 100000）

当前世界已进入大众化和全球化旅游时代，旅游逐渐成为国民的基本生活方式之一。截止到2017年底，我国国内游客达50.01亿人次，比上一年增长12.8%，国内旅游收入4.57万亿元，比上一年增长15.9%；出境旅游1.31亿人次，比上年同期增长7.0%；入境游客1.39万人次，比上一年增长0.8%；国内居民出境旅游1.31亿人次，比上一年增长7.0%①。旅游产业快速发展，并没有给传统旅游企业带来太多的红利。相反，新业态不断涌现，如以携程为代表的线上线下融合模式，以Airbnb为代表的共享经济模式等；产业跨界成为趋势，如无印良品、苏宁、小米等企业纷纷跨界旅游行业；科技创新带来了旅游消费结构的巨大变化，消费者旅行前、旅行中和旅行后的需求不断升级，传统旅游企业面临前所未有的挑战。

2018年中国旅游市场开启了文化和旅游融合的新时代，文旅融合为企业带来了新的机遇，尤其对于传统旅游企业如何利用这一契机，在大转折、大融合、大升级背景下，实现自身的转型升级、模式创新，找到自己的成长空间，是一个值得探讨的问题。

一、新时代下的旅游市场供求关系

从需求方看，首先，消费者旅行前获取信息的方式发生了明显的转变。手机移动端逐渐成为消费者主流获取信息的方式，消费者的查询、预订、支付等

[作者简介] 朱舜楠，中国旅游集团有限公司旅游产业研究院，博士，主要研究方向：企业管理，旅游管理，E-mail：shunnan.zhu@hkcts.com。

① 数据来源：国家旅游数据中心。

关键购买行为越来越多在线上产生，购买随时随地发生。其次，消费者的需求对象发生了变化。过去消费者和旅行社存在信息不对称，消费者对旅游目的地不了解，出行主要依靠旅行社；而现在，互联网增进了信息的流通，消费者可以依赖网络完成自助游，消费者通过各类 APP 完成预订和消费。最后，消费者的需求特征发生了转变。消费者更愿意定制适合自己的机票、酒店、旅游路线等产品，将自己独特的需求传递给旅游供应商，享受个性化的旅游体验，追求独一无二的旅行体验。消费者也不仅仅满足于食、住、行、游等基本的需求，而是强调生活方式的体验，希望从旅行中获得身份的认可。旅游结束后，消费者还会主动发布旅游信息和与其他人分享旅游经验，实现消费者间的互动。

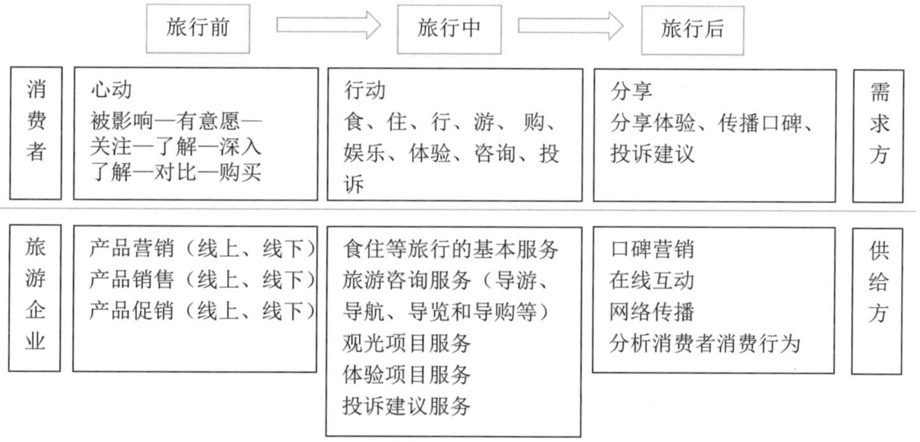

图 1　旅游市场供求关系特征

应对消费需求的转变，供给方也发生了变化。一是供给主体多元化。旅游业相关产业日益增多，产业界限越来越模糊，很多企业跨界进入旅游产业，行业内竞争越来越激烈，尤其是一些掌握大量消费者的互联网平台企业都布局了旅游产业，如阿里飞猪、京东旅游等。二是供给内容融合化。现在的旅游已经不仅仅是看看景区，更多是一种休闲、一种体验，因此内容上也融合了很多其他的元素，如文化旅游、研学旅游、科技旅游等。三是供给手段信息化。正如前面提到的，现在更多的服务借助线上平台传递给消费者，消费者可以通过互联网完成一些的搜索、对比、预订。四是旅游企业更注重消费者的数据分析，找到消费者的精准需求。很多旅游大数据公司就是针对这一市场特征而出现。

二、传统旅游企业存在的主要问题

在新的需求供给关系下，传统旅游企业要找到转型的路径，需要明确自身到底存在哪些问题，制约了企业的发展。

一是消费痛点分析不透彻，产品单一，难以满足消费升级需求。正如前文提到的，消费者旅行前、旅行中和旅行后的需求已经发生了明显的变化，消费者更主动地参与到产品的定制中，而且，消费预订行为从以前的线下店预订、PC 端预订逐步转向移动端。携程数据显示，2017 年在线旅游预订稳定用户达 2.8 亿，其中手机移动端下单占 65%。在这种趋势下，很多传统旅游企业线上业务和移动端业务缺失，不仅减少了与消费者的接触点，也增加了收集消费数据的难度，没有消费者数据，就很难分析消费者的真正需求，也无法提供精准的服务和开发个性化产品。

二是缺乏融合的思维，商业模式创新力度不够。跨界融合越来越成为旅游行业的趋势，从行业自身发展的需求来看，由于传统旅游业整体利润率低，只能寻求融合，加入新的元素提升行业的整体利润。但是传统旅游企业还停留在原有的商业模式上，缺少新技术、新模式的应用研发，模式单一。如一些传统的旅游景区企业还是发展观光游的思路，只看重资源，不注重产品设计和模式设计，创造力和精致化都不足。虽然很多传统旅游企业也积极尝试创新，但进展不快，效益不佳，未形成创新的可复制的商业模式。

三是墨守成规，缺乏鼓励创新的机制。传统企业可以说是过去成功的企业。这些企业已经形成了一定的规模，也具有过去成功的经验。由于惯性思维的存在，很容易安于现状，经营保守，而且从目前看，传统的旅游企业大多是国有企业，市场化程度不够，尚未建立现代化企业管理制度，考核体系更多强调利润和短期投资回报，对于一些需要培育，有风险而且短期难以盈利的创新项目缺乏激励机制，而且大多传统旅游企业也尚未建立创新的容错机制。

四是保守的企业文化，创新意愿不强。企业的转型升级是一个模式创新的过程，在这个过程中需要大量的员工献计献策，如何激发员工的热情，激励机制是一方面，更重要的是要形成鼓励创新的文化和氛围，而传统企业整体的文化趋于保守，员工的创新意愿不强。当然，这不仅是旅游行业，也是很多传统行业共同面临的问题。传统企业传递给大众的印象是安稳、压力小、行政关系复杂，也正因如此，一些有创新能力的人失去了发挥的舞台，即使能招聘到有能力有创意的人才，但如果没有好的氛围，也留不住他们。

三、传统旅游企业转型升级的路径

传统旅游企业的转型升级要从根源出发，以消费者需求为中心，做好顶层设计，落地多样化创新。

（一）通过产品创新实现转型升级

由于消费者旅行前、旅行中、旅行后的消费在不断升级，对旅游产品和服务提出了更多的要求，他们希望产品更多样化、更个性化，获得渠道更便捷，服务更贴心和亲切等。传统旅游企业可考虑在原有产品的基础上，结合市场热点和调研数据，开发更多个性化产品。一是根据不同细分消费群体开发不同类型的产品。如考虑老年人、成年人、儿童的不同需求，创新产品类型，为不同人群带来更好的旅游体验。二是融入跨界思维，开发多行业元素融合产品。在文化和旅游融合的背景下，借助创意设计，将文化元素与旅游结合，使旅游产品锦上添花，丰富体验度。故宫推出丝巾、扇子、口红等文创产品，正是产品创新的实践，不仅满足了消费者的需求，丰富了旅游供给市场，也帮助故宫实现了转型升级。同时，康养旅游、亲子旅游、研学旅游等产品都是旅游企业可以考虑开拓的产品，这些项目仍处于市场探索期，前景可观，提升空间大。三是分析消费需求痛点，把握行业趋势，有针对性创新产品。消费的不断升级带来更多的供给机会消费者的出行过程中还有很多需求没有被满足，或者满意度不高，企业需要时时关注市场，对一些潜在的消费盲区进行分析，快于其他竞争对手提供出新的产品，更好地满足消费需求，服务消费者。

（二）通过新技术应用实现转型升级

传统企业往往对新技术不敏感，这恰恰又是企业转型升级的必备品。OTA企业对传统旅行社形成的颠覆就是互联网技术应用带来的。一方面，利用新技术的应用提高企业自身的运营效率。新技术的应用可以减少中间环节，降低成本，规范流程，提高运作的透明度，分析消费者独特的需求，将产品组合与顾客进行合理的匹配，提高消费者对产品和服务的情感输出，进而让企业的供给更具效率。如人工智能、大数据等技术都有助于企业效率的提升。另一方面，利用新技术的应用对接市场需求，提升消费者的体验感。消费者的旅游需求可以分三个层次看，首先是旅游的必要需求，即在旅行中的食、住、行、游、购、娱等基本需要；其次是期望需求，即游客想要的，如希望能拥有轻松、舒适、性价比高的旅行方案，满足其个性化需求等；最后是超预期需求，消费者是否选择二次消费，往往看这个旅游产品是否为消费者带来了意想不到的体验或者提供了超预期的价值。新技术的应用要从满足消费者深层次的需求入手，提供超预期的产品和服务。同时，利用新技术创造产品服务与消费者新的接触点，增加消费者参与度，传递信任，提高忠诚度。

（三）通过商业模式创新实现转型升级

除了产品和技术的更新换代外，商业模式的创新也是传统旅游企业实现转型升级的路径之一。商业模式创新的根本在于企业创造价值和获取价值的基本逻辑发生了变化（见图 2）。

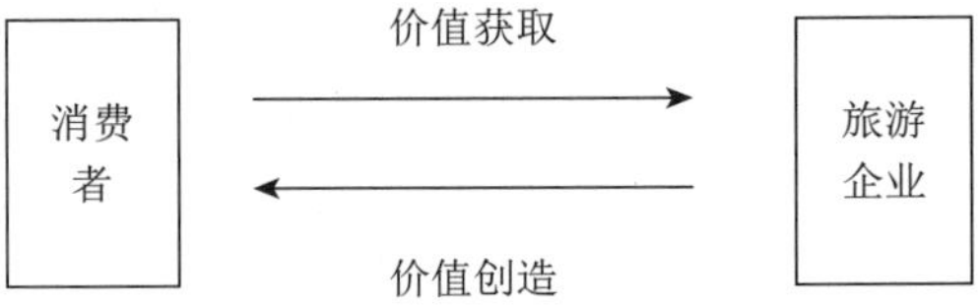

图 2　商业模式的逻辑

传统旅游企业的商业模式往往是与消费者形成简单的买卖关系，企业提供标准化的产品和服务，消费者购买。这种商业模式已经越来越满足不了消费者的需求，商业模式创新可以从两个方面入手。一方面通过创新价值创造过程实现企业的转型升级。价值创造过程是从价值主张到价值支撑建立的过程，传统旅游企业需要重新审视自己的商业逻辑。重点思考要给消费者提供什么样的价值主张，是单纯的观光旅游还是美好生活的体验？在新的价值主张下，建立怎样的价值支撑体系，是所有的产品都自己提供，还是整合外部资源，共同为消费者服务？虽然传统旅游企业普遍存在市场份额萎缩的现象，但依然有规模优势和老字号品牌优势，如何充分利用自己目前的优势？需不需要建立自己生态系统，实现协同发展？建立怎样的组织架构与之相匹配？等等。途易的商业模式创新通过延伸产业链实现。另一方面是通过创新价值获取渠道实现企业的转型升级。价值获取的渠道核心问题就是企业要如何收费，向谁收费？传统旅游企业多数处在直接交易的模式，而新的模式可以考虑多元化收费模式，重点对一些消费升级的项目进行收费。建立平台收入模式，将收费转嫁给第三方，即所谓“羊毛”出在“猪”身上的收费模式，补贴方和收费方的合理设计，既能提升消费者的体验感，也能为企业带来更多的利润空间和成长空间。

企业转型升级往往是创新的组合拳，途易等企业的转型破局充分说明了这一点。欧洲市场上，途易面对 OTA 等企业的挑战，仍保持了显著的市场份额。途易在转型过程中，逐渐从以交易为主的旅游运营商转变为以内容为中心的旅游集团，并从四个方面重新布局了自身的价值创造体系。一是向产业链上游延伸，采用纵向一体化的商业模式，扩大产品供应链，加大多核心资源的掌控，拓展热门目的地和航空资源，对于特定的热门旅游资源，消费者只能通过指定的渠道购买；二是通过整合资源，多种渠道实现获客，旅游市场挑战之一是获客成本高，而途易通过双向引流降低获客成本，对一些资源利用率低的产品，通过临时提高佣金等方法来实现引流；三是实现线上、线下融合，提高消费者的数字化体验过程，2018 年途易收购了目的地旅游在线平台 Musement，弥补其在数字化领域的劣势；四是利用大数据分析和跟踪消费者的行为，为消费者提供及时、精准的服务，保证消费者在行前、行中和行后得到一以贯之的愉悦体验，提高推荐概率，比如在一些旅游垂直网站上面分享旅游心得，评价各环节的旅游服务等。

四、结论与建议

消费者的需求不断扩大，个性化、多元化、体验式需求表现越发明显，传统旅游企业通过多层次的创新实现企业转型升级的过程中，还应关注以下问题。

首先，做好顶层设计，确定企业的创新基础和创新层次。传统旅游企业需要进一步明确战略性要素资源，核心业务板块的定位和作用，判断自己可支配的关键资源和能力，选择可采取的创新战略。在创新层次方面，分析所在细分行业的价值链构成，判断价值层次，通过创新驱动企业向高附加值的价值链环节转型。

其次，建立和健全创新机制，为创新和创业提供更多的机会。传统旅游企业一方面可以通过股权投资的方式，兼并和收购一些有前景的创新企业，另一方面可考虑采用内创业模式，建立创新的试错机制，鼓励企业员工创新创业。内创业是企业提供资源，让有创新意愿的员工和外部创客在企业内部进行创业，企业与员工和外部创客通过股权、分红等形式成为合伙人，共享创业成果，除了我们熟知的海尔，三大电信运营商、中信证券、大唐网络等企业也采用了内创业的模式。

再次，善用数据资源，运营数据提升企业的核心竞争力。客户流、价值流、信息流的互通，沉淀出大量的数据资源，这些资源可以帮助企业分析消费者行为，洞察消费者的真正需求，为消费者提供精准的服务。传统旅游企业应该重视数据的管理，将数据变为资产，做好深度挖掘工作，发现更多有价值的信息，从而有效提升企业的核心竞争力。

最后，重视人才选拔和培养，打造开放、协同、创新的企业文化。传统旅游企业应建立健全用人机制，完善短中长结合、激励约束并重的市场化考核机制，为企业经营管理者放手改革、大胆管理提供制度保证。优化薪酬、分红、股权、期权等多种形式的激励机制。树立“以人为本，开放包容，创新至上”的企业文化观，重视培育创新的氛围与动力，建立全员的认同点，进行试点、宣传、完善和扩展等环节，形成独特的创新型企业文化。

关于住宿业内容创造的若干思考

吴丽云

（中国旅游研究院，北京 100005）

【摘　要】在对党的十九大报告提出的社会矛盾进行简要解读的基础上，提出当前住宿业创新的重要方向是基于生活需求的内容创造和产品创新。文章从市场需求变化、酒店竞争压力两个方面进行分析，提出内容创造是住宿业创新发展的重要方向。在此基础上，提出了住宿业内容创造的四条路径，即品牌创新、内容营销、引入社区功能和服务创新。

【关键词】酒店业内容创造思考

党的十九大报告提出，当前我国社会主要矛盾已经转化为人民日益增长的美好生活需要和不平衡不充分的发展之间的矛盾。这一矛盾在旅游领域中的具体体现，就是个性化、多元化的旅游需求与不够丰富的旅游供给之间的矛盾。当前住宿企业间竞争日趋激烈，企业发展空间不断压缩。无论是资本支持下的新项目，还是转型发展的传统酒店，都面临在消费升级的新时代，如何用更加优质的内容、更有品质的产品、更加周到的服务满足游客不断增长的新需求这一共同命题。

随着旅游产业的快速发展和新消费群体的崛起，推动旅游企业发展的要素也在发生变化。当前，人口红利和流量红利正在消失（2014，戴斌；董枳君，2017），互联网进入内容为王的新时期（谢利明，2017），在线短租企业获客成本不断增加，旅游酒店发展乏力，急需寻找新的发展支撑点。同时，资本、科

［**基金项目**］北京社科基金（17GLB023），国家旅游局科研立项（16TAAG010）。

［**作者简介**］吴丽云（1975—），山东临沭人，中国旅游研究院博士，副教授，主要研究方向为旅游投资、旅游集团、旅游新业态等。

技对酒店业的改变，抛开短期的投资投机行为，也同样面临需要有可支撑的内容、可预见的产品、有特色的服务来实现投资价值和科技价值。无论是星级酒店，还是新兴住宿类企业，基于生活需求的内容创造和产品创新正成为酒店类企业创业创新的关键。

一、内容创造是住宿业需求变化的必然要求

旅游住宿消费正经历变革，消费需求持续增长，消费结构不断升级，客观要求旅游住宿企业必须及时反应，加速内容、产品和服务的创新。同时，以年轻人为代表的新一代消费主体快速成长，他们的消费诉求、消费理念、消费偏好的变化推动新消费时代的到来，并倒逼酒店业的创新，要以更好的产品服务于不断变化和升级的市场需求。

随着 80 后、90 后成为旅游市场消费的主体，旅游者的消费理念也随之发生了变化，从过去的炫耀性、从众性、低品质、浅层次消费向环保健康、个性化、时尚化、高品质、体验性消费转变。旅游消费正经历从购买千篇一律的大众化旅游产品和服务到购买个性彰显的多样化旅游产品和服务的变革。旅游住宿业的发展也经历了从星级酒店、经济型酒店、中档酒店到非标住宿的演化，标准化住宿产品正在被多元化、个性化的住宿产品所取代。新消费群体更看重住宿产品的形象价值、文化价值、品位价值和消费群属性价值，希望能够通过使用来体现个人的自我价值和群体归属，获得满足感。消费需求的变化要求酒店业必须随之变革，通过内容、产品和服务的创新，满足消费者的新需求。

二、内容创造是住宿业创新发展的重要方向

旅游酒店业的发展正经历由数量性增长向品质提升的转变。从 1989 年国家旅游局首次公布星级酒店名单，开启星级评定工作，星级酒店一直作为住宿业的核心组成部分存在。在星级酒店发展之初，以其稀缺性、规范性、独特性、高品质成为当时旅游者住宿的首选。中国的星级酒店随着旅游市场的扩大快速发展，从 1989 年首批 22 家星级酒店，到 2017 年的 10645 家星级酒店，星级酒店的发展经历了早期的快速增长到增速放缓再到负增长的过程。从 2009 年起，星级酒店数量整体出现下滑，除 2013 年外，连续多年出现负增长。同时，随着

旅游住宿供给主体的日益多元和市场竞争的日趋激烈，星级酒店的营收开始下滑，2013年起，全国星级酒店营业收入均为负增长，星级酒店的总利润连续三年出现负数，2014年，总利润为负59.21亿元，创历史最低，直到2016年才转负为正。

随着旅游住宿供给主体的日益多元和市场竞争的日趋激烈，星级酒店的出租率也有所下降，2012年以后，全国星级酒店的出租率一直在55%左右徘徊。高星级酒店的出租率也出现下滑，2017年，五星级酒店的平均出租率为61.43%，比2005年的66.03%下降了4.6个百分点，四星级酒店的平均出租率为56.63%，比2005年下降了8.46个百分点。在多供给主体的冲击之下，星级酒店产品同质化现象正成为制约其发展的根本原因，星级酒店急需产品和服务的变革，从数量性增长向品质提升转变，通过盘活存量、空间价值叠加、产品和服务创新重新塑造星级酒店的竞争力。

三、住宿业内容创造的路径

（一）针对新住宿需求的品牌创新

针对细分市场的住宿需求，品牌创新成为近年来酒店内容创新的重要方向。当前酒店品牌创新主要集中于三个方向：一是针对特定人群的主题酒店，二是针对新消费需求的新内容酒店，三是与社区和生活相结合的生活类酒店。在中高端酒店品牌创新方面，很多酒店集团均在近两年推出了新的酒店品牌，并以不同的主题和特色塑造品牌的独有竞争力。华侨城酒店推出的“睿途”和“嘉途”酒店品牌，以文化为主题，将国内外的经典城市或文化场景作为设计灵感，纳入酒店设计中，重在提升酒店的文化品质。胜高酒店集团的“胜高·盛酒店”，是以轻养生为主题的酒店品牌。

针对新消费人群对田园、乡村等慢生活方式和环保、浸润自然美景的新住宿需求，开元、景域等旅游集团推出了乡村类酒店品牌。开元酒店集团推出的“芳草地乡村酒店”，是以生态度假为特色的乡村度假酒店品牌，突出人与自然的和谐共处。景域集团自2014年推出帐篷客酒店品牌后，又推出了“歌璞”“歌遥”“歌笙”三大乡村度假酒店品牌，打造田园生活特色的乡村旅游度假地。

将生活需求与旅行的住宿紧密结合，为游客创造出既有居家生活般的舒适、自然、便利和社交功能，又更具文化、品质和时尚的新型住宿，生活方式酒店应运而生。将生活、社区与住宿紧密结合的生活方式类酒店品牌近两年也快速出现。港中旅、锦江、如家、亚朵等酒店集团均推出了融合社区和不同生活内容的酒店品牌。港中旅集团收购英国 KGH 集团后，结合市场需求和双方优势推出了“睿景”酒店品牌，将一流的酒店品质与时尚相结合，将“英国图书馆”引入大堂设计，满足住客对时下潮流、社交的渴求，同时提供个性化、高品质的住宿体验。锦江酒店集团收购卢浮酒店后，引入了“康铂”酒店品牌，将法国人的浪漫、时尚、社交引入酒店空间。如家推出的“如家小镇”，构建了多种生活功能的综合性服务设施，涵盖了食住行游购娱六要素的综合服务体系，以酒店为中心，为游客提供位于乡村的都市生活体验。亚朵酒店将住宿、摄影、阅读融在一起，打造生活方式酒店。

（二）以优质内容为吸引核的内容营销

互联网和移动互联网的快速发展和广泛应用，改变了人们接收信息的方式，传统的广告越来越受到排斥，内容营销已成为企业吸引和黏住用户不可或缺的营销工具。内容营销通过原创的优质内容，吸引消费者关注，并通过与消费者的互动交流建立彼此间的信任关系，形成黏性粉丝，使消费者产生自主购买动机。

将酒店品牌人格化，是内容营销的手段之一。通过人格化品牌内容，塑造有温度、有感情、有态度的品牌代言人，并通过“他”“她”来传递企业的信息，使消费者在潜移默化中接受企业的产品并产生购买行为。香格里拉酒店集团旗下推出的“Hotel Jen”，打造了一位专业的酒店经营者 Jen 的人格化品牌形象，Jen 热爱生活、旅行和探求新事物，提供真诚、高效服务，喜欢提供独特的文化和有趣的体验，利用人格化的品牌形象传递酒店的特征，更易于为住客所接受。

（三）引入社区功能的新住宿产品

当旅游越来越成为一种生活方式，与日常生活密不可分的社区也成为酒店创新重点关注的区域。社区作为旅游生活的一部分，可以为游客在旅游目的地的住宿提供本地化的内容。社区参与可以优化并提升游客在目的地的住宿体验品质，使住客可以更好地融入当地居民，了解当地文化和民俗，并深度感受当地生活。美国的在线度假短租企业 Airbnb，推出的“trips”平台，就是依托周边社区，为住宿客人提供由当地居民和文化达人所推荐的本地化活动和餐饮等，以此帮助住客深入探索当地社区，更好地了解旅游目的地，同时，住客通过参与社区组织的活动，主动回馈社区，形成主、客之间的友好、良性互动。依托社区所提供的体验（Experiences）产品，会提供诸如“京剧背后的故事”“小笼包的力量”等本地化生活体验。Airbnb 还打造了“社区中心”，即自建可供游客住宿的房屋，并将其作为社区居民、游客会面的地点，让社区居民来招待游客，让游客在目的地更好地“生活”，通过当地人的陪伴和参与，进一步深化游客的本地化体验。

同时，社区居民本身也是酒店服务的重要对象，拓展社区服务范畴不仅可以扩大酒店服务对象，拓宽业务范围，还可以为酒店提供更多销售份额。很多酒店已经进行了社区服务的积极探索。针对社区居民对专业餐饮的需求，酒店采取与专业公司合作的方式服务于本地市场需求。如维也纳酒店和百岁村餐饮的合作，以及 Jurys Inn 和 Costa 咖啡的合作，均属此类。

（四）提升预订和住宿体验的新服务

内容创造在酒店预订环节的应用，可以为游客提供更加立体、生动、便利的预订服务，提升游客的预订体验。携程的“Easy 住”战略，将 VR 技术引入住客选房环节，客人可以提前了解客房的室内外设施，选择自己心仪的房间。同时，借助技术创新，酒店还可以为游客提供更加便捷、更加人性化的住宿服务。飞猪旗下的未来酒店，可以借助人工智能语音设备，用语音控制房间空调温度、灯光、窗帘、空气净化器等客房设备，语音呼叫酒店送餐服务，以及获取酒店周边全方位的旅游信息等。智能化服务的提供，可以使住客更快适应酒店环境，同时也能获得更优质的住宿体验。

【参考文献】

［1］刘渝民. 流量红利消失后，互联网公司该重视什么［J］. 信息与电脑，2016（20）：14–15.

［2］谢利明. 内容经济——内容驱动下的商业模式创新［M］. 北京：人民邮电出版社，2017.

［3］张莉. 内容为王——互联网运营之内容运营［M］. 北京：电子工业出版社，2016.

我国红色旅游发展探析

杨素珍

（中国旅游研究院旅游统计与经济分析中心，北京 100005）

【摘　要】2004年中央号召发展红色旅游，推动爱国主义和革命传统教育大众化、常态化以来，红色旅游成为越来越多百姓出游选择，教育功能备受关注，游客群体年轻化趋势明显，红色旅游产品创新加速，逐渐成为革命老区脱贫富民的有效抓手，但当前仍存在发展不平衡的问题，红色旅游需求仍有挖掘空间。今后要不断推动红色旅游与其他业态的融合发展，引入互联网科技的力量提升红色旅游的吸引力，促进红色旅游提质增效，满足游客诉求，推动游客向参与者和学习者转变。

【关键词】红色旅游；游客群体；教育功能；产品创新

一、发展红色旅游的时代意义

红色，象征革命，井冈山、延安、西柏坡等是红色基因的发源地和成长地，也是一代又一代中国人心中的革命圣地。红色旅游作为具有特殊教育意义的文化旅游，将文化和旅游深度融合，是展现爱国主义和革命传统精神、讲述革命历史重大事件和重要任务的历史遗存故事的重要载体。2004年开始，中央号召发展红色旅游，先后发布和实施了2004—2010年、2011—2015年、2016—2020年三期规划纲要，通过对全国红色旅游发展方向和路径的总体部署，突出强调红色旅游的理想信念教育功能、脱贫攻坚作用，是一项政治工程、文化工程、富民工程和民心工程；《“十三五”旅游业发展规划》中强调提升红色文化

[作者简介]杨素珍（1982—），女，经济学硕士，中国旅游研究院，研究领域为国内游统计，红色旅游统计。

发展水平作为旅游业产品创新，扩大旅游新供给的方式；国务院办公厅印发的《国务院办公厅关于促进全域旅游发展的指导意见》明确指出“以弘扬社会主义核心价值观为主线发展红色旅游，积极开发爱国主义和革命传统教育、国情教育等研学旅游产品”；中共中央办公厅、国务院办公厅印发的《关于实施革命文物保护利用工程（2018—2022年）的意见》提出要依托革命文物资源，推出更多以红色文化为主题的研学旅行、体验旅游、休闲旅游项目和精品旅游线路，丰富红色旅游产品的文化内涵。

红色旅游作为国家倡导、全民支持的主题性旅游活动，在国家利好政策推动下，发展红色旅游意义重大。发展红色旅游具有重要的政治意义。红色景区是中国人的精神高地，红色旅游是重要的教育课堂。发展红色旅游，有助于帮助人们理解井冈山精神、延安精神、红岩精神和西柏坡精神，通过寓教育于旅游，引导广大群众特别是青少年热爱党、热爱祖国。红色旅游是特色文化工程。红色旅游具有特殊的文化蕴意，中国革命斗争遗留的各种纪念物，具有丰富的历史内涵和人文价值，红色旅游承载着塑造社会价值观、坚定理想信念、增强文化自信的特殊功能。发展红色旅游有利于锻造民族精神，保护和利用革命历史文化遗产。红色旅游是革命老区经济发展的重要抓手。红色旅游有助于把政治优势转化为经济优势，打造扶贫工程、富民工程，为我国旅游业培育新的发展模式和消费市场。

发展红色旅游是对中国传统文化和革命文化的延续，是新时期构建社会共识的基础，更是树立民族自信、延续红色血脉、文化创新和发展的源泉。党的十八大以来，在党和政府大力推动下，红色旅游已经成为传承红色文化和红色基因的重要平台，构建文化自信的重要支撑。随着党的十九大的胜利召开，在中国特色社会主义迈入新时代，文旅融合上升为国家战略的背景下，红色旅游政治效益、经济效益、社会效益日益突出。

二、红色旅游的发展现状

随着时代的发展，多个红色旅游利好政策陆续发布，各地纷纷建设和发展红色旅游，越来越多的人选择有革命和历史意义的景区作为旅游目的地，红色旅游市场得到快速发展，红色旅游的规模和热度不断攀升，红色旅游逐渐成为民众出游的重要选项，成为热门旅游主题之一。2015—2017 年，全国红色旅游累计接待游客 34.78 亿人次，综合收入 9295 亿元人民币，政治效益、社会效益和经济效益越发明显。

（一）红色旅游发展成效显著

1. 红色旅游成为越来越多百姓出游选择

根据中国旅游研究院调查数据显示，我国城乡居民出游意愿持续保持在 80% 以上，并呈现上涨趋势，国民旅游消费需求不断提升。在全域旅游推动下，红色旅游需求稳定，市场规模逐渐扩大，红色旅游逐渐大众化、常态化。红色旅游信息报送系统数据显示，2018 年上半年，18 个红色旅游重点城市和 436 家经典景区共接待游客 4.84 亿人次，按可比口径同比增长 4.83%；实现旅游收入 2524.98 亿元，按可比口径同比增长 5.73%。根据中国旅游研究院与中国电信联合实验室数据显示，从全国层面来看，游客重复体验红色旅游景区比例较高，2018 年上半年红色旅游游客人均游览 1.05 个经典景区，复游率达到 32.44%，表明游客虽然在一次旅游中没有游览较多的红色旅游景区，但是重复体验红色旅游的比例较高。

越来越多的游客不满足于在景区走马观花，而是选择在景区附近或所在城市小住几日，体验当地文化和生活，寓教于乐的同时，也能享受假日休闲生活。红色旅游以短期休闲度假为主，2018 年上半年参与红色旅游的游客一次出游在外平均停留时间 3.38 天，海南、西藏、四川、广西、青海、贵州、重庆、福建、北京、甘肃等十个省市的红色旅游游客停留时间最长，当地文化、旅游资源丰富，自然景观和人文休闲活动受到游客青睐。红色旅游已经成为游客出游决策的重要选择，拥有广泛的受众覆盖面和良好的群众基础。尤其在法定节假日、小长假期间，红色旅游备受游客青睐，逐渐成为大众出游的重要选择。

2. 红色旅游游客群体年轻化趋势明显

在大众旅游时代，我国综合国力逐步提升，民众的爱国情怀日益增强，红色旅游不断升温，为民众提供了更多的爱国主义教育渠道，红色旅游所蕴含的时代特殊性，红色旅游景区与文化、创意和科技的融合创新对年轻游客形成较强吸引力，对新生代的吸引力逐渐增强。当前红色旅游游客群体年轻化趋势明显，年轻人占据多数，平均年龄为 35 岁，并有逐步下降的趋势，“80 后、90

后、00后”逐渐成为红色旅游的中坚力量；红色旅游的游客群体低龄化特征较为突出，父母带孩子感受红色氛围群体较多，尤其是“80后”父母青睐于携带“10后”小朋友到访红色旅游胜地，了解革命历史文化的情况较多。红色旅游信息报送系统数据显示，2018年上半年红色旅游经典景区接待游客年龄分布较为均衡，其中26~35岁游客群体比重最高，占24.70%，36~45岁游客群体占24.38%。经典景区接待14岁及以下游客数量占接待总人数的12.65%，特别是法定节假日和寒暑假，14岁及以下人群数量明显增多。北京奥林匹克公园、南京大屠杀遇难同胞纪念馆、广安邓小平故里等经典景区，以及广州起义烈士陵园、南京雨花台烈士陵园、石家庄西柏坡纪念馆等爱国主义教育基地均深受14岁以下游客青睐。爱国主义教育基地、国家A级景区、全国重点文物保护单位均受到青少年的喜爱，2018年上半年接待14岁及以下游客群体比重分别为52.98%、56.45%、41.67%。井冈山精神、长征精神、延安精神、西柏坡精神等革命精神引导青少年铭记革命历史，继承革命事业，传递了丰富的精神内涵，在新形势下帮助青少年增强文化自信。青少年群体参与红色旅游的比例也在逐渐上升，对历史文化的记忆认同和情感认同也在逐渐增强，成为弘扬红色历史文化的亮点。

3. 红色旅游教育功能备受关注

红色旅游承载着优良的革命传统和伟大精神，大多数通过纵向比较历史数据和静态展示历史遗存，引导广大党员干部群众和青少年感受革命历史文化，接受革命传统教育，升华爱国情感。目前我国有121处革命旧址和纪念馆被纳入国家级抗战纪念设施、遗址名录，281处革命旧址和纪念馆被命名为全国爱国主义教育示范基地。据全国红色旅游信息报送系统数据显示，2018年上半年系统中的爱国主义教育基地游客接待量占据了红色旅游市场的半壁江山，也是接待青少年、党员干部爱国主义和革命传统教育的主要场所。在党和国家重要节事活动期间，企事业单位、院校干部职工前往纪念馆、博物馆、烈士陵园、展览馆等红色旅游景区参观学习的活动明显增多；寒暑假期间，学生研学教育实践需求旺盛，半数以上的研学旅游包含红色旅游目的地，或融入红色文化元素，丰富了研学旅行文化内涵，让孩子们在旅游的同时学到传统文化知识，学校、党团工会组织与红色旅游景区共建教育基地，红色旅游已经成为国内研学旅行的重要组成部分，是爱国主义和革命传统教育、红色文化传承的生动课堂。

4. 红色旅游产品创新进一步加速

国民旅游诉求正在从美丽风景转向美好生活，游客在出游过程中比较看重出游品质，游客对文化、体验、休闲、品质的旅游需求更为迫切，旅游文化需求逐渐多样化，对特色鲜明、文化主题较为突出的景区更感兴趣，对红色文化的展现形式有了更高的要求。与自然风光、休闲度假融合紧密的红色旅游目的更能得到游客的喜爱，北京奥林匹克公园、中山陵、岳麓山风景区等景区是游客的热门去处。国家博物馆、圆明园遗址、南京大屠杀纪念馆等具有历史教育意义的目的地受到游客密切关注，而遵义会议、西柏坡纪念馆、广州起义纪念馆等重大历史转折点的红色旅游目的地也是游客较为关心的主题。在乡村振兴等战略推动下，各地积极利用当地红色旅游资源，注重资源整合，挖掘红色文化内涵，统筹规划精品线路，红色旅游产品创新不断加速，产品类型趋于多样化。对于红色旅游景区而言，与当地的文化、餐饮、休闲等旅游业态融合度越来越高，与商业中心距离较近的景区逐渐成为游客休闲娱乐的好去处。目前红色旅游形成了以经典景区、精品线路为代表的发展格局，纪念馆、博物馆、科技馆等红色文化景区受到游客喜爱，红色与其他旅游业态深度融合发展，角色扮演、沉浸式体验等创新模式成为游客新宠，红色旅游供给侧结构改革与游客诉求相互促进发展，红色旅游整体发展态势强劲。遵义、石家庄、六安、龙岩结合当地资源，形成了一批“红色旅游 + 乡村旅游”、生态旅游、休闲观光、工业旅游等产品和线路；瑞金市培育特色教育培训品牌，临沂打造红色影视基地，“红色 + 影视 + 乡村”成为一大特色。目前已经形成了一批特色教育培训品牌、“红色旅游 + 影视 + 乡村旅游”、研学旅游、“红色旅游 + 观光度假”、深度体验等旅游产品，为游客提供新的出游体验，带动了红色文化的传播，尤其受到年轻人的欢迎。

5. 红色旅游成为脱贫富民的有效抓手

红色旅游是革命老区精准脱贫的重要途径的有效抓手，尤其在靠近都市圈且交通、通信等基础设施比较完善的革命老区、贫困地区，通过发展红色旅游为革命老区吸引客源、资金和信息，推动基础设施建设，聚集业态，带动关联产业发展，完善商业环境，在有效延伸革命传统、塑造文化品牌的同时，也为振兴革命老区、群众脱贫致富找到出路。红色旅游信息系统数据显示，2018年上半年78家国家级贫困区县的经典景区，游客接待占比9.31%，实现旅游收入1.41亿元，为革命老区带来了实实在在的收益，提升了老百姓的获得感和幸福感。近年来，红色旅游脱贫攻坚成效显著，江西井冈山、河南兰考县、四川广安、河北西柏坡等革命老区相继脱贫"摘帽"，河北西柏坡探索了"旅游+美丽乡村""旅游+农业园区""景区+村+户"等多种扶贫模式，井冈山实现产业扶贫、"电商+扶贫""金融+扶贫"模式。这一系列可复制可推广的经验性做法，有效推进乡村振兴向纵深发展。

（二）红色旅游发展尚不平衡不充分

1. 红色旅游需求需进一步释放

清明节、五一劳动节、七一建党节、八一建军节、十一国庆节等传统节假日、重大活动期间，参观红色旅游景区、党员日活动明显增多，对红色旅游市场带动作用明显，红色旅游市场较为火爆。但总体来看，红色旅游景区接待时间比较集中，受节事活动的影响较大，游客前往景区重温历史、开展教育培训的占多数，而自主前往休闲度假比例较低，在淡季甚至日常周末红色旅游对游客的吸引力不足，需要进一步挖掘红色旅游需求。红色旅游客源结构的近程性特征突出，游客主要集中在本地游客，数据显示，全国21个省市的红色旅游活动接待本省（市）游客比例均在80%以上，而对于外省市游客的吸引力尚显不足。从游客出游半径来看，参与红色旅游的游客主要来自周边地区，中短途游客占多数，2018年上半年出游距离50公里以下的短途游客占53.69%，500公里以内的中短途游客占82.18%，绝大多数红色旅游景区尚未成为目的地引领性吸引物。

2. 红色旅游发展两极分化比较明显

经济发达地区的红色旅游对游客的吸引能力更强，从全国七大经济区来看，各区域红色旅游发展水平差异较大，2018年上半年华北、华东、华中地区的红色旅游游客接待量排名前三，景区在资源、服务设施、环境和管理等方面存在明显的差异，5A级景区的吸引力明显更强，14家5A级景区游客接待量就占了经典景区接待量的15.02%，平均每个景区的游客接待量是4A级景区的2.8倍，旅游收入是4A级景区的7.9倍。红色旅游在深度贫困地区的物质脱贫功能有待挖掘，经济带动作用不明显。红色旅游景区投资仍然依赖各级政府，大部分资金来自地方拨款和国家拨款，几乎无来自民间的资金投入，仍需进一步挖掘民间组织对红色旅游的关注和支持。

3. 红色旅游服务供需匹配尚有进步空间

当前各地的红色旅游景区不同程度地存在着传统有余、时代感不足的问题，传统说教比较浓重，文化内涵挖掘不充分，或者规划、展示和宣传等表现形式单一、陈旧，缺乏艺术性、趣味性和实用性，如果没有讲解员的介绍，游客难以深刻理解革命精神和文化，游客体验感不强，尤其很难吸引新生代年轻人的到访。虽然游客不吝将震撼、感动、珍惜等溢美词赋予红色旅游，但又认为红色旅游景区内容偏少、性价比不高、体验过于传统等。红色旅游景区与当地文化、餐饮、休闲、商业中心等旅游业态融合度越高，游客量越大，而对于处于郊野或者深度贫困革命地区的景区来说，由于公共交通体系不完善，没有与其他旅游休闲资源串联形成一体化的旅游休闲空间，游客进入性不强。

三、政策建议

1. 以全域为理念，推进红色旅游融合发展

红色旅游在实现政治、教育、文化功能的基础上，以全域旅游为理念，满足人民对美好生活的追求与休闲度假、品质旅游的需求，是新时期发展红色旅游的新动能。要优化红色旅游产业布局，进一步整合红色旅游资源，加强区域合作，按文化资源集群、战争阶段分类，串点成线形成规模，打造总量充足、布局合理的红色旅游空间体系，形成红色旅游无障碍旅游区。根据大数据对游客行为的监测，推动红色旅游与绿色生态、休闲度假相融合，实现以红带绿，红绿结合的发展模式；以红色文化为主题，加强与研学游、乡村游、亲子游等细分市场的密切融合，丰富红色旅游文化内涵，发挥寓教于游的优势。游学、旅居等个性化的旅游方式在银发族中兴起，“红色旅游＋康养”“红色旅游＋公益”“红色旅游＋修身”等既能让老人参与感更强，又可以促进红色文化和革命传统向下一代年轻人讲述和传播。

2. 以体验为基准，提高红色旅游科技含量

红色旅游要摆脱传统的参观游览性，打造个性化、生态化和体验式的红色

旅游，让游客在体验新奇、真实的场景下感知红色文化和革命精神。要更加关注年轻人的喜好动态，在表现形式上打造新意，促进红色旅游从场馆向场景转变、向环境转变，探索运用大数据、人工智能等先进技术，将博物馆、纪念馆的静态展陈转化为动态、立体性的旅游产品，还原历史场景，探索和完善沉浸式游览，开发有故事、互动性的深度游，打造情景实体模拟环境，改变现有景区平面状态，增强立体感和互动感，让游客更好领略革命精神。

3. *以游客诉求为导向，促进红色旅游提质增效*

密切关注游客的诉求和反馈，继续引导博物馆、纪念馆免费开放，将红色旅游景区公共区域进行开放式改造，撬动游客和当地居民的红色旅游需求。进一步拓展红色旅游覆盖面，鼓励红色旅游景区与学校、党政机关、企事业单位、社区街道共建共享，尤其在重大历史事件、节庆活动、纪念活动期间，增加开展红色旅游文物的专题展览和流动展览，吸引中小学生、党员干部、群众参观学习。加强对景区的监督和指导，提升景区规范化水平，完善服务标准体系。加强红色旅游讲解员的培训，提升讲解员的素质能力，为游客提供全面、客观、丰富、生动的讲解服务，让游客乐于倾听、学习革命历史文化。

【参考文献】

[1] 戴斌.红色旅游的大数据与小故事[N].中国旅游报，2017-05-02(003).

[2] 唐晓云.美好生活成为优质旅游发展新动能[N].中国旅游报，2017-04-04(003).

[3] 戴斌.优化旅游供给 满足人民美好生活需要[N].中国旅游报，2017-11-29(003).

[4] 马仪亮.建设现代化经济体系 旅游业将发挥突出作用[N].中国旅游报，2018-01-12(003).

[5] 宋子千.从旅游业和经济社会发展规律认识和发展全域旅游[J].内蒙古师范大学学报（社会科学版），2018(3)：29-33.

[6] 赵军.红色文化与红色旅游良性互动研究[J].中共山西省直机关党校学报，2018(2)：59-61.

[7] 龚娜.动力机制视角下的红色旅游可持续发展探析[J].时代金融，2018(15)：223-224.

旅游视域下南极遗产保护的内涵、实践与启示

熊　娜

（中国旅游研究院，北京 100005）

【摘　要】文中指出南极遗产作为与时俱进的概念，是历史与现实的对话。以此为据，进一步提出南极遗产保护在于根据所处语境的具体情况对南极遗产做出适当改变，而非完全保持南极遗产原状；南极旅游是实现南极遗产活化利用与保护的重要途径。文中回顾了英国南极遗产保护实践的社会参与模式，及其利用南极旅游实现的积极功能，指出我国应从南极遗产意识教育、政策设计、主体培育和社会融资四方面突破，促进国内游客赴南极旅游可持续发展，实现国家利益与国际责任的平衡统一。

【关键词】南极遗产；南极旅游；遗产活化利用

一、引言

南极区域为南极条约定义的南纬 60° 以南，由水域、陆地和附属岛屿以及冰架组成的区域。由于年平均气温为零下 25 摄氏度，多烈风雪暴，南极大陆被誉为“世界极寒”“白色荒漠”和“风极”。南极自然地理环境特殊，战略地位独特，是人类共同的遗产。对南极地区相关国家的利益诉求已经从主权诉求转变为包括主权、科学研究以及资源开发等多维度的综合诉求。以科研为例，全球已有 40 多个国家在南极建立了 100 多个科考站。

作为南极资源开发的重要形式之一，近年来南极旅游发展迅速，受到国际社会的广泛关注。南极旅游，即南极地区所开展的商业性旅游活动。人们日益

［作者简介］熊娜（1983—），女，经济学博士，中国旅游研究院副研究员，研究领域为旅游发展战略、可持续旅游。

关注旅游业快速发展对南极遗产的影响。同时，南极旅游对提高公众的遗产保护意识所发挥的积极作用逐渐获得肯定。通过媒体间接接触某地所形成的感受，显然不同于人们亲临现场所获得的感悟。这是南极旅游唤起人们对南极重要意义的公众认识，促进公众参与南极遗产保护的基础。

中国是南极条约协商国成员，也是南极旅游的第二大客源国。2016—2017年，南极旅游总人次达到44 202人次，中国游客已占到12%左右。作为南极条约协商国成员和旅游人数快速增长的重要客源国，在推动南极问题的解决中发挥的作用日益为国际社会所关注。同许多国家一样，中国也面临着如何协调国家利益与国际责任的问题，尤其是在探索南极遗产活化利用方面。当前，如何吸引公众广泛关注并亲身参与到南极遗产保护与利用中，是解决南极遗产活化利用的出路所在。有鉴于此，文中通过辨析南极遗产保护的内涵、梳理英国公众参与南极遗产保护实践，为我国有序推进南极遗产保护和南极旅游治理提供经验与启示，以应对新时期国内游客赴南极旅游人数快速增长造成的复杂影响。

二、旅游视角下南极遗产保护内涵及其活化利用

传统意义上的遗产保护强调遗产本体的保护，依赖遗产专家学者以及专业人士的专业知识。随着西方国家与非西方国家的文化互动，受到后者文化的影响，关于文化遗产的理解、保护方式和措施发生了变化。如1990年，联合国教科文组织提出保护遗产的原真性，即保护物质载体及其非物质方面，将遗产作为一种历史过程和一种文化模式的保护。Hardey从遗产的内涵出发，指出根据所处语境的具体情况可以对遗产做出适当改变，而非完全保持遗产原状。

Hardey认为遗产的内涵具有两层含义：一是从过去继承下来的物质性遗存和文化传统，二是作为价值观的重要体现。在此基础上，Hardey分析了关于遗产的不同理解：遗产作为被保留对象，以及遗产作为与时俱进的抽象概念。就前者而言，遗产保护侧重于保持遗产原状，即停留在特定时期的历史状态，进而引发人们对于往昔的怀旧情结。就后者而言，遗产是历史与现实的对话。由此，Hardey认为，遗产保护应突出遗产的无形价值，必要时根据遗产所处语境的具体情况做出改变。

就南极而言，作为全人类的旅游资源宝库，不仅拥有着原始而独特的地理

风貌、令人惊叹的冰雪奇观以及珍奇野生动植物，而且有着人类坚持不懈探索南极的历史遗存和探险故事，其中不乏人们的斗争、灾难，甚至死亡。后者是存在于历史中的英雄时代，是曾经的南极远征者与南极记忆的共同特质。以邮轮旅游为例，作为南极遗产活化利用的典型做法，绝大多数邮轮会向游客提供观看历史遗迹和早期探险活动所在地的机会。例如，英国南极探险家欧内斯特·沙克尔顿带领“猎人”号于 1907—1909 年向南极进发，1914—1916 年带领“持久”号开展的南极探险遗迹，瑞典探险家努登舍尔德领导的瑞典探险队于 1901—1904 年在南极半岛的东岸开展的地理发现遗迹，美国人帕尔默于 1820—1821 年在南极半岛寻找海豹的地点等。游客通常也会参观较不知名的古迹，尤其是捕鲸站和曾经的科研基地。

基于南极的荒野价值与探险时代的文化遗存，Kirby 等学者将南极遗产归纳为三类：一是保存南极探险英雄时代和开发遗迹（特别是地理层面），二是广袤无垠且人迹罕至的极端环境，三是反映南极保护、极地和平与极地科学相关条约的遗存。因此，南极遗产的概念，包括自然和文化两个方面，均可以具有多种含义和用法。借由多重含义，关于南极遗产的论述，作为探索社会、政治、环境和经济问题，也包括探索气候变化的工具，颇具生命力。南极遗产拓展了对南极旅游的理解，深化了南极旅游产品内涵，有助于加深人们关于自然历史和人类历史的关联性，促进人们采取适当行为以减轻旅游对自然和文化遗产资源的潜在影响。综上，南极旅游已经演变为实现南极遗产活化利用与保护的重要途径。

对南极旅游积极功能的认可，表明旅游视域下的南极遗产更多被视为与时俱进的概念，强调历史与现实的对话。因此，挖掘南极遗产的旅游价值，进行必要的改造以适应游客观光体验教育的需要，逐渐被纳入南极遗产保护的范畴。南极遗产保护不再是完全保持南极遗产原状，而是根据所处语境的具体情况可以对南极遗产做出适当的改变。

三、英国对南极遗产保护的实践与启示

在长期的南极探险和科考过程中，英国在南极大陆上积累了大量的南极遗产。根据英国政府网站上的统计数据，截至 2013 年已有 80 处官方认定的英国相关南极历史遗迹。对此，英国通过委托一个慈善机构，即英国南极遗产信托

机构，管理上述南极遗产及其相关事务，而非设立政府部门对南极遗产直接进行管理。其主要做法如下：

一是吸收社会各界力量打造“多中心”治理局面。英国南极遗产信托机构为会员制。会员之间通过每两年举行一次的年会进行沟通交流。与关键利益相关者，尤其是南极游客的沟通，借由跨机构合作实现，例如向英国南极调查局、国际南极旅游经营者协会的成员以及英国外交与联邦事务部寻求支持和帮助。此外，与“南极100”组织合作。该组织是由近50个与南极遗产相关的机构组成的联合体，通过共享相关信息和资源，提升公众对南极遗产的认识，促进南极遗产保护。

二是通过市场化运作，实现遗产活化利用与保护。通过发掘既有南极遗产的旅游价值，英国南极遗产信托中心将部分南极遗产改造为南极旅游吸引物。不仅提升了南极遗产的知名度，其旅游收入还用以支持机构的正常运转，实现了南极遗产的活化利用和保护，更扩大了英国南极实质性存在的影响。例如，该机构建成并运营的一家位于拉可罗港的礼品店，截至2013年的全年营业额约为50万英镑，较2006年翻了5倍，是支持其开展南极遗产修缮和维护的主要经费来源。

三是实施“罗斯海遗产恢复工程”。为保护英国在罗斯海附近留下的南极遗产，英国南极遗产信托机构向这些遗址的管辖机构——新西兰南极遗产信托机构，支付了350万英镑。这些南极遗产包括1907年由沙克尔顿在罗伊兹岬和1911年由斯科特在伊凡斯岬建立的遗址，以及1901年斯科特在发现岬和1898年卡斯滕·博克格雷温克在阿黛尔岬留下的遗迹。前两处遗址已经被收录世界遗产基金会的“世界上一百个最危险的遗址”名录。上述四处遗迹保留了大量南极探险时期的人工制品，既是初期英国开展南极探险活动的见证，也是再现人类征服自然、挑战极限精神的重要载体。

四是实施“英国南极口述历史工程”。在英国外交与联邦事务部的支持下，英国南极遗产信托机构联合英国南极调查局和剑桥大学斯科特极地研究中心，对南极探险和科考过程中的个人故事和经历进行整理，形成了200多份口述历史。口述历史是通过传统的笔录、录音、录影等技术手段，基于调查访问历史事件当事人或者目击者的回忆，进行文字档案核实，整理成文字稿后保存的口述凭证。这些材料弥补了英国政府南极档案中探险家和科学家个人经历记录的匮乏，建立了南极历史观察的微观视角。

总体来说，英国南极遗产保护实践强调社会参与和遗产的活化利用，其启示可大致归纳为以下三个方面。一是遗产保护主体、管理者和使用者分离，政府不再是唯一主体。二是突出民间团体的重要作用，即连接关键利益相关方的重要纽带。就英国实践来看，民间社团为基金会形式，在国家的顶层设计框架内发挥自身特色，成为实现国家、民间团体、公众参良性互动的重要一环。三是着力挖掘南极遗产旅游价值，不仅通过旅游体验促进公众对南极遗产保护的认识，而且利用旅游收益保障南极遗产保护工作的顺利开展，实现了南极旅游促进南极遗产保护的目标。

四、结论与建议

随着我国赴南极旅游人数的快速增长，国际社会越来越关注我国对南极地区可持续发展所产生的影响，以及在旅游治理方面所发挥的作用。借鉴国际经验，探索以南极旅游实现南极遗产活化利用与保护的理念与模式，是当前形势下平衡国家利益与国际责任的出路所在。从南极旅游实践出发，基于 Hardey 遗产保护内涵的论述，文中提出南极遗产作为与时俱进的概念，是历史与现实的对话。有鉴于此，南极遗产保护在于根据所处语境的具体情况对南极遗产做出适当改变，而非完全保持南极遗产原状。

从英国南极遗产保护实践来看，我国可以着力推动社会各方参与南极遗产保护，重点在南极遗产教育、南极遗产政策、南极遗产保护主体培育以及参与机制等方面取得突破。具体来说，可以概括为四点建议。一是培育社会公众对南极遗产概念及保护工作的认知。二是合理有序推进南极旅游与南极遗产保护实践，通过对可能出现的问题进行预测，制定相关的政策法规支持我国南极旅游可持续发展，进而实现南极遗产活化利用与保护。三是培育南极遗产保护的民间组织，探索南极遗产活化利用过程中所有权、管理权以及使用权分离的多元化机制。四是以发展南极旅游为契机引导社会资本参与到南极遗产活化利用和保护中来，实现公益性与盈利性的有机结合，建立一个可持续性的南极遗产活化利用与保护机制。

【参考文献】

［1］陈丹红.南极旅游业的发展与中国应采取的对策的思考［J］.极地研究，2012，24（1）：73-79.

［2］鲍文涵.英国的南极参与：过程、目标与战略［J］.世界经济与政治论坛，2016（2）：70-84.

［3］顾婷.南极旅游：现实挑战与法律应对［J］.政治与法律，2010（3）：135-144.

［4］梁咏.对南极地区的国际法展望与中国立场：人类共同遗产的视角［J］.法学评论，2011，29（5）：84-90.

［5］王自磐.中国南极旅游开发探讨［J］.旅游学刊，2003（6）：95-100.

［6］张崇，刘朝晖.遗产保护的"举国体制"与社会参与：从观念更新到行动逻辑［J］.遗产与保护研究，2018，3（12）：35-39.

［7］Araoz G F. World-heritage historic urban landscapes：Defining and protecting authenticity［J］. APT Bulletin，2008，39（2/3）：33-37.

［8］Harvey D. Heritage pasts and heritage resents：Temporality，meaning and the scope of heritage studies［J］.International Journal of Heritage Studies，2001，7（4）：319-338.

［9］HM Government. UK Science in Antarctica 2014 — 2020［EB /OL］.［2014— 07— 16］.https：//www.gov.uk /government /publications /uk— science — in — ant-arctica— 2014 — to — 2020.

［10］HM Government. Conserving and managing British heritage in the British Antarctic Territory［EB /OL］.［2014—07—30］. https：/ /www.gov.uk /government / priority /conserving — and — managing —british— heritage — in — the —british—antarc-tic — territory.

［11］Kirby V G，Stewart E J，Steel G D. Thinking about Antarctic heritage：Kaleidoscopes and filters，Landscape Research，2001，26（3）：189-202.

［12］Michael C Hall，Jarkko Saarinen .Tourism And Change In Polar Regions：Climate ，Environments and Experiences，1st Edition［C］. Taylor & Francis e-Library，2010.

［13］Powell R B，Ham S H. Can ecotourism interpretation really lead to pro-conservation knowledge，attitudes，and behavior? Evidence from the Galapagos Islands［J］. Journal of Sustainable Tourism，2008，16（4）：467-489.

［14］Robert B. Powell，Gregory P. Ramshaw，S. Scott Ogletree & Kathleen E. Krafte. Can heritage resources highlight changes to the natural environment caused by climate change? Evidence from the Antarctic tourism experience，Journal of Heritage Tourism，2016，11（1）：71-87.

［15］Stewart，Emma & G. Kirby，Val & Steel，Gary.（Perceptions of Antarctic tourism：A question of tolerance. Landscape Research – LANDSC RES. 2006.31（3）：193-214.

地方发展研究

国家级旅游度假区创建经验分析
——以灵峰旅游度假区为例

郭　娜

（中国旅游研究院，北京 100005）

一、国家级旅游度假区发展历程及现状

（一）国家级旅游度假区发展历程

国家级旅游度假区是指符合国际度假旅游要求、接待海内外旅游者为主的综合性旅游区，有明确的地域界限，适于集中设配套旅游设施，所在地区旅游度假资源丰富，客源基础较好，交通便捷，对外开放工作已有较好基础。与国家级风景名胜区等自然保护区域不同的是，国家旅游度假区属国家级开发区。

国家级旅游度假区发展大致分为三个阶段：早期（1992 年至 20 世纪 90 年代末）先批后建，1992 年国务院发布《关于试办国家级旅游度假区有关问题通知》先后成立了 12 个国家级旅游度假区，这一阶段主要靠行政推动，尤其是中央政府的大力参与，项目、节庆活动、政策有力拉动各大旅游度假区发展；中期（20 世纪 90 年代末至 2008 年）发展停滞，中央政府的参与逐渐减弱，地方政府的主导明显，国家旅游度假区在地方主导下各自为政发展，发展定位和方向出现偏差，发展参差不齐。各省旅游度假区建设工作缓慢进行；当前（2009 年至今）先建后批，2009 年发布《国务院关于加快发展旅游业的意见》（国发〔2009〕41 号），“有序推进国家旅游度假区发展”，国家旅游度假区创建重新回归中国旅游业创建的热点，2011 年 1 月 14 日原国家旅游局发布了《旅游度假区

［作者简介］郭娜（1984—）女，山东济南人，工学博士，中国旅游研究院，研究领域为乡村旅游、古村落旅游开发与保护。

等级划分》国家标准（GB/T26358—2010），2015 年 4 月相继发布《旅游度假区等级划分细则》《旅游度假区登记管理办法》等，进一步细化了旅游度假区的评定与管理体系，明确了度假区必须先建后评，且与 5A 级景区一样，实施动态管理、退出机制。2015 年 10 月国家旅游局公布了首批 17 个国家级旅游度假区名单，2018 年 1 月公布了第二批 9 家国家级旅游度假区名单。

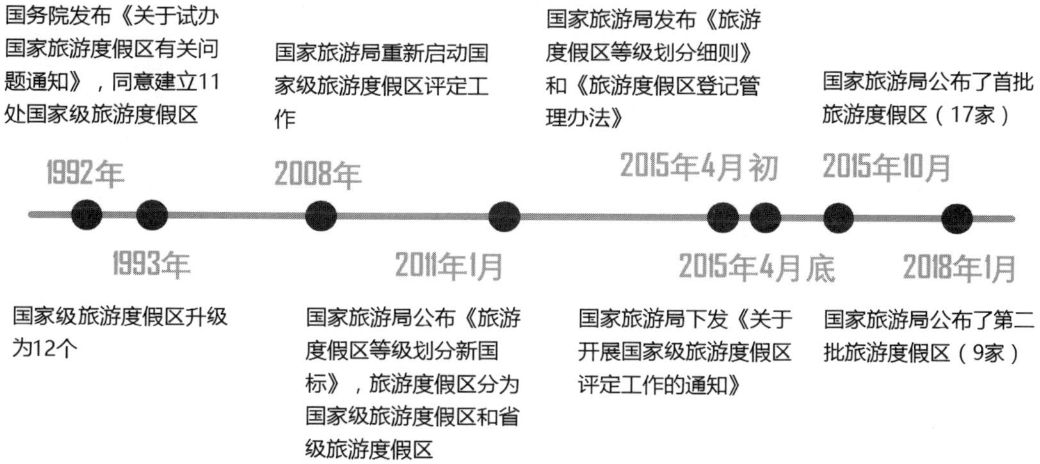

图 1　国家级旅游度假区发展历程

（二）国家级旅游度假区现状

截至目前，全国共有 26 个国家级旅游度假区，分布于 17 个省（区、市），大部分位于中国东部和中部，其中浙江、江苏、山东、云南占数最多。首批 17 个分别为：吉林省长白山、江苏省汤山温泉、江苏省天目湖、江苏省阳澄湖半岛、浙江省东钱湖、浙江省太湖、浙江省湘湖、山东省凤凰岛、山东省海阳、河南省尧山、湖北省武当太极湖、湖南省灰汤温泉、广东省东部华侨城、重庆市仙女山、四川省邛海、云南省阳宗海、云南省西双版纳旅游度假区。

第二批 9 个分别为：海南省三亚市亚龙湾旅游度假区、浙江省湖州市安吉灵峰旅游度假区、山东省烟台市蓬莱旅游度假区、江苏省无锡市宜兴阳羡生态旅游度假区、福建省福州市鼓岭旅游度假区、江西省宜春市明月山温汤旅游度假区、安徽省合肥市巢湖半汤温泉养生度假区、贵州省赤水市赤水河谷旅游度假区、西藏自治区林芝市鲁朗小镇旅游度假区。

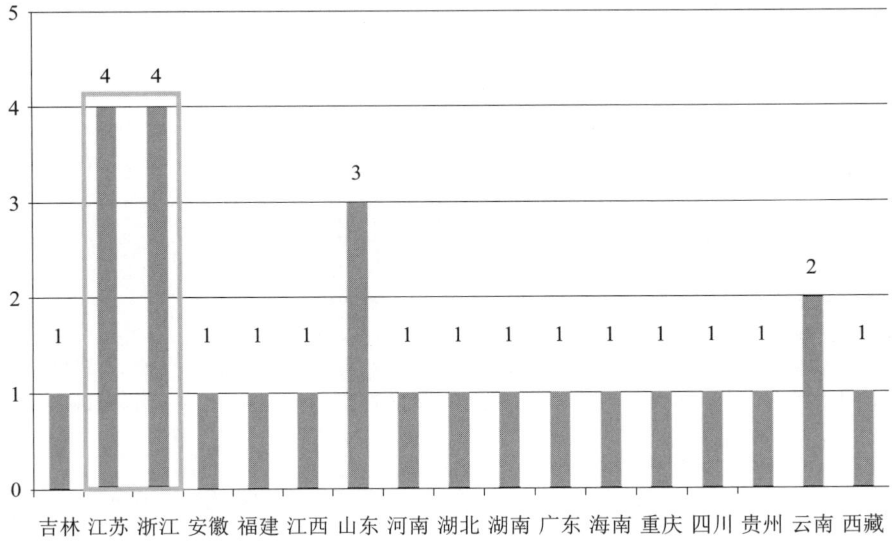

图 2　各省（区）、直辖市国家级旅游度假区数量对比

二、国家级旅游度假区创建标准解读

评定标准《旅游度假区等级划分》国家标准（GB/ T26358-2010）和原国家旅游局 2015 年发布《旅游度假区等级划分细则》和《旅游度假区登记管理办法》。

（一）《旅游度假区等级划分》国家标准（GB/ T26358—2010）

《旅游度假区等级划分》国家标准（GB/ T26358-2010）主要规定了旅游度假区等级划分的依据和条件。规定旅游度假区分为两个等级，从高到低依次为国家级旅游度假区、省级旅游度假区。

（二）《旅游度假区等级划分细则》

《旅游度假区等级划分细则》共分为两个部分：细则一，旅游度假区等级基础评价评分细则；细则二，旅游度假区等级综合评价细则。

细则一包含两部分，第一部分为强制性指标，主要根据《旅游度假区等级划分》国家标准（GB/ T26358—2010）中规定的旅游度假区基本条件；第二部分为资源环境与度假综合评价。强制性指标采取一票否决制，共八项必须全部符合。①应具备适宜度假的气候条件和环境，区内无被污染的水体、空气或土壤，无多发性不可规避的自然灾害；②具有明确的空间边界和统一有效的管理机构，面积应不小于 $8km^2$；③具备至少 3 家有显著特色或国际水准的高品质的度假型酒店；④以接待过夜游客为主，过夜游客中应有至少 1/3 平均停留 3 夜以上或 2/3 平均停留 2 夜以上；⑤过夜游客中省外游客比重应不低于 1/3；⑥住宿接待设施总客房数应不小于 1000 间；⑦旅游度假区内用于出售的房地产项目总建筑面积与旅游接待设施总建筑面积的比例应不大于 1∶2；⑧近 3 年来无重大旅游安全事故。综合评价包括度假资源、自然环境、人工环境、规划、接待设施、休闲度假产品、主题产品、美誉度等 8 项内容，满分 100 分，85 分达标。

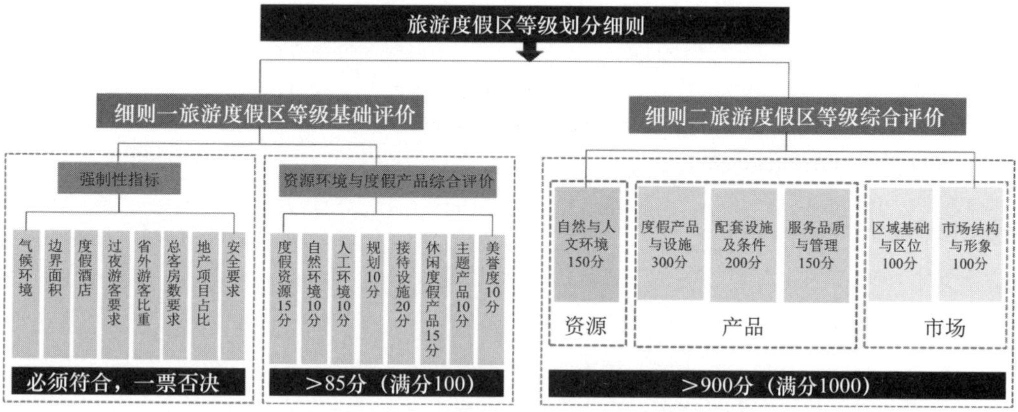

图 3 《旅游度假区等级划分细则》对国家级旅游度假区的要求

细则二满分为 1000 分，900 分达标，共包括六大项内容区域基础与区位（100 分）、自然与人文环境（150 分）、度假产品与设施（300 分）、配套设施及条件（200 分）、市场结构与形象（100 分）、服务品质与管理（150 分）。

（三）《旅游度假区登记管理办法》

《旅游度假区登记管理办法》明确了国家级旅游度假区评定的具体程序和监督管理规定。国家级旅游度假区的等级管理工作按照“自检—申报—推荐—资料审核—基础评价—现场检查—公示—授牌”的程序进行。省级旅游度假区由各省级委员会参照国家级旅游度假区的评审程序，因地制宜地确定各省的相应评审程序。各级旅游度假区等级管理委员会每年采取部分复核与重点抽查相结合、明察与暗访相结合，或委托专业机构对度假区开展社会调查、游客意见反馈等方式对旅游度假区进行复核，每年复核比例不低于 20%。全面复核每 3 年至少进行 1 次。

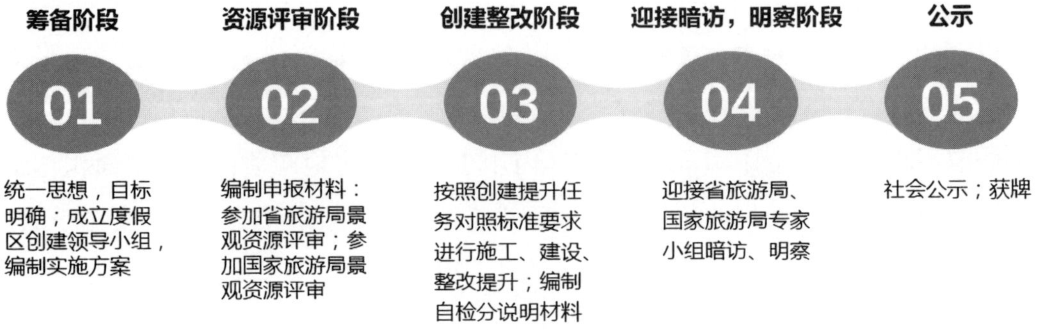

图 4　国家级旅游度假区创建流程

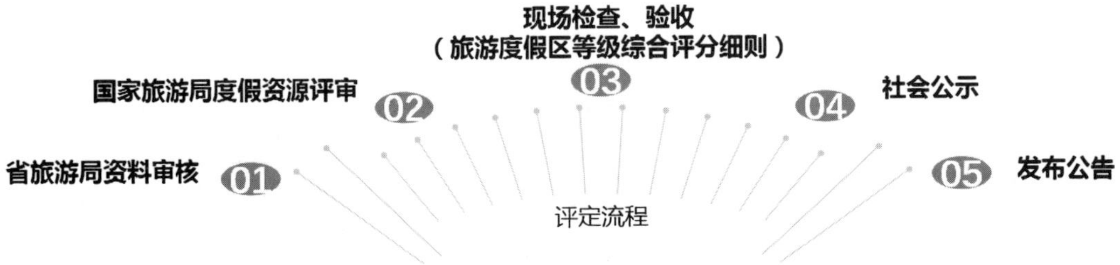

图 5　国家级旅游度假区评定流程

三、安吉灵峰国家级旅游度假区创建经验分析

（一）灵峰国家级旅游度假区基本情况

2018 年 1 月 3 日结束公示，灵峰度假区成功跻身第二批国家级旅游度假区。

灵峰度假区前身为安吉环灵峰山建设发展总公司，于 2008 年 7 月从开发区单列成立，2011 年 6 月成立管委会，2012 年先后成功创建省级旅游度假区和省级服务业集聚示范区。2014 年 2 月成立灵峰街道办事处，实行“两块牌子，一套班子”，下辖灵峰村、横山坞村、剑山村、大竹园村、霞泉村、碧门村、城南社区 7 个行政村（社区），农户 4846 户，户籍人口 16 518 人，流动人口 19 270 人。2016 年，度假区农民人均收入达 28 951 元，村均可支配收入达 639 万元，全年接待旅游人次 158 万，旅游综合收入 202 亿元。

灵峰国家级旅游度假区创建总规划面积 46 平方公里，拥有悦榕庄酒店、港中旅地中海度假村、JW 万豪酒店等多家国际高品质度假设施，国家 4A 级景区竹博园、千年古刹灵峰寺、亚洲最大水上乐园欢乐风暴、乡村经营示范村横山坞、中国人居环境范例奖获得村蔓堂里、省级农房试点村大竹园等众多乡村主题类旅游产品分布其中，截至 2017 年底，度假区已累计引进 23 个重大产业项目，总投资达到 270 亿元。

十多年来度假区坚定不移地护美绿水青山、做大金山银山，把生态旅游作为“两山”转化的重要途径，大力发展全域旅游，积极争创国家级旅游度假区，形成了“以美丽乡村为主题特色，以全域旅游为实践途径，以休闲度假为核心产品”，涵盖亲子旅游、竹文化体验、宗教旅游、山地运动、商务会议等多种主题的度假产品体系。

（二）创建工作的做法与成效

以起跑为冲刺，全力以赴开展四大行动。2016 年 2 月，度假区正式提出“国旅”创建工作，并先后列入安吉县和湖州市人代会报告。之后，为确保创建工作稳步推进，先后开展了整体推进、重点攻坚、全员冲刺、转段提升四大行动，把工作尽量细化、责任落实到人。按照创建要求，全部创建工作共 86 项，2016 年完成 50 项工作；2017 年完成 164 项具体工作，包括基础设施、公共服务、风貌景观、产品建设和管理运营等五大块，层次分解，落实到班子成员、责任科室和责任人，通过加强顾问指导、召开每周例会、限定完成时间、定期督察通报等形式。

积极向上对接，争取最大工作支持。在创建过程中，积极做好三个层面的向上对接。一是主动向原国家旅游局做好定期汇报，明确发展定位和思路。县委书记沈铭权先后三次带队向原国家局领导汇报创建进展，确定了以“美丽乡村”为主题资源的国家级发展定位；同时派驻度假区干部到原国家旅游局挂职锻炼，时刻保持与国家旅游局的信息沟通。二是积极向省旅游局主要领导做专题汇报，2016 年初灵峰国家级旅游度假区创建被列入省旅游业发展“十三五”规划。三是安吉县委、县政府也大力支持创建工作，从财政资金、用地审批、项目推进、经历扶持等方面出台专项创建奖励政策，给予度假区干部很大的鼓舞。

对照创建标准，不折不扣完成软硬指标。根据“国旅”评分标准要求，创建国家级旅游度假区由评分细则一和细则二两部分组成，细则一包括八项前置性的强制性指标和百分制的资源环境与度假产品综合评价，细则二是千分制的综合评价。在上报国家局的台账中细则一 8 项强制性指标全部达标；百分制的资源环境与度假产品综合评价达到 95 分以上，千分制综合评价达到 970 分以上（满分 1000 分），全部超过创建标准要求的分值。

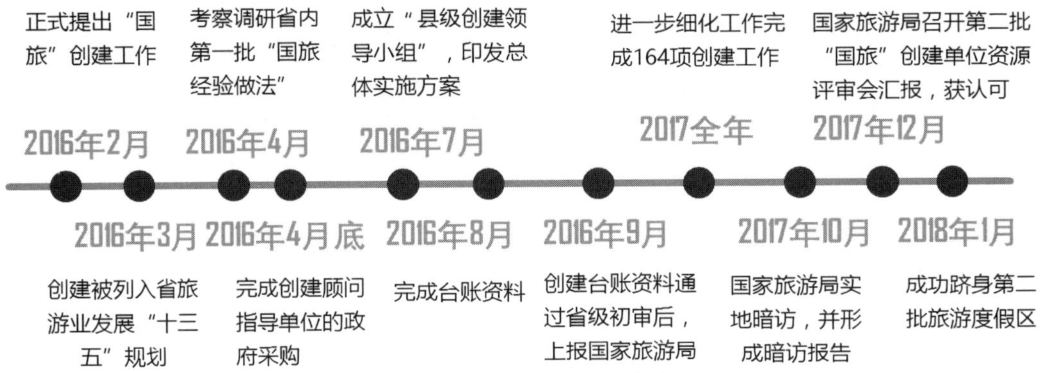

图 6　灵峰度假区创国家级旅游度假区时间轴

（三）创建成功后的计划

下一步，度假区将深入实践“乡村振兴”战略，转化“国旅”创建成果，坚定产业兴区、建设最美公园、提升民生福祉、深化美丽党建，聚力打造“国旅”样板示范，建设灵峰“最美公园”，为实践“两山”理论贡献灵峰智慧。

一是坚定产业兴区，争做“国旅”样板。握好度假区正处于由资源化向产业化转型的历史方位，牢牢抓住国旅创建带来的历史机遇，厚植发展优势，争做国旅样板示范。二是建设“最美公园”，共享品质生活。将灵峰全域空间作为“艺术品”打造，生活环境高标准管护，空间功能人性化设置，公共服务智慧化共享、生活方式向绿色乐活倡导，逐步建成灵峰“最美公园”。三是提升民生福祉，畅享幸福生活。百姓安、社会稳是“最美公园”建设的最终指向。始终坚持以人民为中心的发展理念，坚持关注民生、改善民生，让全区人民共享灵峰“最美公园”建设福利。

四、小结

（一）国家级旅游度假区创建需要扎实耕耘

国家级旅游度假区只是政府引导的方向，最终的目的是发展好当地的旅游业，旅游大环境好了、旅游产业起来了，自然度假区的品质就会提升，成为国家级旅游度假区就是水到渠成的事情。灵峰度假区印证了这一点，其默默耕耘十年，扎实扑在当地旅游环境建设、旅游氛围营造、旅游产业发展引导上，最终成绩斐然，用两年时间成功跻身第二批国家级旅游度假区。

（二）未来国家级旅游度假区将引领旅游业新一轮发展

如果说 5A 级旅游景区代表了中国旅游观光产品的最高等级，那国家级旅游度假区则代表了旅游度假产品的最高等级。未来其一定在全域旅游和旅游产业发展中发挥更重要的作用，将成为地方政府发展旅游业的有力抓手。未来国家级旅游度假区将引领旅游业新一轮发展、度假产品新一轮的更新。

另外国家级度假区创建成功这不是终点，而是一个新的起点，未来如何为游客提供更好的度假产品，如何满足人民对美好生活、美好旅游的向往，国家级旅游度假区应该朝着这个方向继续努力。

抚州市文化和旅游融合发展的思考

胡抚生

（中国旅游研究院，北京 100005）

2019年全国文化和旅游厅局长会议召开，提出“宜融则融，应融尽融，以文彰旅，以旅促文”的工作思路，要深入推进文化和旅游业的融合发展。抚州是历史文化名城，在文化和旅游融合方面开展了较多积极的工作，取得了良好进展。本文分析抚州市文化和旅游融合发展的现状、问题，并提出相应的对策建议。

一、抚州文化与旅游融合发展的现状

（一）抚州文化资源丰富

抚州历史悠久，迄今已有2200多年的历史，素有“才子之乡”的美誉，主要有三大类文化资源：一是名人文化资源，抚州自古以来人才辈出，特别是在宋明时期，涌现出一大批在全国有影响的文化名人，如唐宋八大家的王安石、曾巩，著名词人晏殊、晏几道；理学大家陆九渊；戏剧家、文学家汤显祖等，全市围绕名人文化，开展了文化资源挖掘，建设了一批名人纪念园、纪念馆和园区，积极将文化资源向文化产品转化。二是民间民俗文化资源，南城麻姑文化、“临川四梦”戏曲文化、金山寺、曹山寺的禅宗文化等传统文化享誉海内外，抚州市民俗文化精彩纷呈，南丰傩舞、广昌孟戏、宜黄戏、临川采茶戏等7项文化产品被列为国家级非物质文化遗产，盱河高腔·乡音版《牡丹亭》，音乐剧《汤显祖》、实景演出《寻梦牡丹亭》成为抚州最具有代表性的戏曲文化演出。三是红色文化资源，抚州市是中国革命的重要摇篮，是中国工农红军第四

[作者简介]胡抚生（1977—），男，江西临川人，中国旅游研究院副研究员，博士，主要研究方向：旅游政策与发展战略、旅游金融。

次、第五次反围剿斗争的主战场，在中国人民革命斗争史上写下了光辉的一页，目前还保留着大量的红色遗址，具有丰富的红色文化内涵。截至2018年末，抚州市共有5A级景区1个，4A级景区16个，国家级森林公园3个，国家级非物质文化遗产7项，省级历史文化街区18处，省级文化产业示范基地9处，国家文物保护单位9处。

（二）抚州旅游业近年来取得了较快的发展

抚州市近年旅游业发展成绩显著，2018年，全市接待游客5350万人次、实现旅游收入486亿元，分别增长34%和35%；文化产业主营业务收入460亿元，实现增加值74.6亿元，分别增长19.6%和19.4%，保持着较快的增速，形成了较为完善的食、住、行、游、购、娱接待体系，并在以下几个方面形成了突出的亮点。

一是全省旅游发展大会成功举办，在规模和效益历史性突破上形成亮点。2018年全省旅游产业发展大会在抚州市顺利召开，省委书记出席并讲话，会议邀请了11个国家的大使和官员参加，在出席会议人员规格和人数上实现了全省旅游发展史上的突破。

二是在国家和省级示范区创建突破上形成亮点。资溪县、南丰县先后成为国家全域旅游示范区创建单位，资溪县2018年还成为首批省级全域旅游示范区，成为全省全域旅游示范区的典型样板。

三是加快智慧旅游发展，在提升便民惠民服务水平上形成亮点。抚州旅游信息服务平台建设完成并启用，推动一站式旅游信息服务，逐步实现“一部手机游抚州”。

四是以高等级景区和高端旅游项目建设为重点，在投资模式创新和品牌建设上形成亮点。全市重点打造了文昌里历史文化街区、南城麻姑山景区、宜黄曹山景区、金溪竹桥古村景区、黎川古城景区、广昌中国莲花景区、临川仙盖山等一批10亿元以上的重大旅游项目，资溪大觉山景区于2017年成功创建国家5 A级旅游景区，这些高等级景区和高端旅游项目成为抚州旅游发展的重要产业支撑。

五是大力拓展入境市场，在提升旅游国际化程度上形成亮点。抚州市开展入境旅游政策扶持，不断扩大境外宣传，拓展日本、韩国、东南亚、澳大利亚、新西兰及“一带一路”沿线国家、欧洲、北美等客源市场。2017 年，全国入境旅游接待入境游客超过 5 万人次。

六是创新旅游扶贫模式，在增强“自我造血”功能上形成亮点。抚州涌现出一批旅游精准扶贫的新模式，形成了以大觉山、金竹古村为代表的景区带村、“公司＋农户”的全域旅游扶贫模式，越来越多的乡村在创新旅游脱贫致富模式，形成了良性循环。

（三）抚州市文化与旅游融合程度不断提高

近年来，抚州市不断加大文化与旅游融合发展的力度，成效显著。一是文化产品的旅游市场化程度不断提高。抚州市积极推出盱河高腔·乡音版《牡丹亭》，音乐剧《汤显祖》、实景剧《寻梦牡丹亭》等一批既有抚州本土文化内涵，又深受市场欢迎的旅游演艺产品，加快培育文化旅游演艺市场。积极推动抚州本地的传统戏剧、民间文学、曲艺、传统技艺、传统舞蹈、民俗等非物质文化遗产的活化，包装成市场喜闻乐见的旅游产品，受众群体从本地居地扩大到了广大游客。二是文化项目与旅游业发展更加紧密。抚州积极推动文化项目进景区、进酒店、进度假区、进乡村社区，开展文化体验旅游，培育抚州本土文化旅游品牌。大力发展红色旅游、遗产旅游，推动非物质文化遗产融入食、住、行、游、购、娱各环节。积极引入省内外大型文化旅游企业开发抚州传统文化、红色文化、现代时尚文化资源，推动文化资源的保护与开发。三是形成汤显祖戏剧文化旅游产业体系。抚州围绕汤显祖戏剧文化，每年举办汤显祖戏剧节，加快提升文昌里历史文化街区、汤显祖宗族墓遗址公园等项目建设，推动文昌里文化产业园区申报国家级历史文化街区，打造“中国戏都”，积极开发汤显祖文化旅游产品体系，形成了文化与旅游融合的突出亮点。

二、抚州市文化与旅游融合发展的不足

1. 文化旅游融合目前尚缺乏统筹规划

抚州市文化和旅游体制机制正在改革中，过去的文化和旅游工作往往是文化部门、旅游部门各自为政、各管一摊，缺乏有效的整合，虽然全市开发了一些新型文化旅游产品，但由于缺乏统一的规划，文化旅游融合程度还不深，具有重要影响力的文化旅游精品还不多，文化与旅游融合缺乏有效的体系化发展。

2. 以文彰旅，以旅促文的功能还不突出

抚州全市旅游业近年来取得了较快的发展，2018 年旅游总收入达到 486 亿元，但旅游人均消费还偏低，不到 1000 元，旅游经济带动作用不强，对全市经济社会发展的带动作用还相对偏弱，特别是对文化事业和文化产业的发展的辐射影响力还不强。

3. 文化旅游产业的综合竞争能力较弱

从抚州市与全省其他 10 个地级市的比较来看，无论是在 GDP、城镇人均可支配收入、农村人均可支配收入、城镇化率、财政总收入等经济指标，还是在旅游接待人数、旅游总收入等旅游指标方面，均在全省排名靠后，综合竞争力相对较弱。

4. 优质文化资源转化为优质产品的力度不足，缺乏重量级的地标性旅游吸引物

抚州有深厚的历史文化基础，有一批优质的文化资源，但还缺乏优质的旅游产品作为支撑。抚州中心城区文化旅游资源呈现点多、面散、体量小的发展格局，各区县的文化资源如流坑古村落等一批优质的文化资源还不能很好地处理好保护与开发关系，导致优质的文化资源没有转化为有影响力的文化产品，还缺乏对中远程市场有强大辐射力和吸引力的重量级产品。

5. 文化旅游人才队伍体系不健全

从全市来看，旅游人才匮乏成为当前旅游业发展的主要问题。本地仅有东华理工大学、南昌大学抚州医学院两所大学，而这两所大学还缺乏对旅游人才的培养院系，本地的高职院校抚州职业技术学院虽然有旅游分院，但缺乏有实践经验的旅游专职教师较少，对本地旅游人才培养的力度还不足。并且，虽然抚州市是教育大市，为国家培养和输送了大量的高等教育人才，但是回流的高端人才特别是文化和旅游人才相对较少。由于本地人才培育和高端人才的引进机制、高端旅游人才的引进配套政策不完善，导致高端人才进不来，中端从业人员匮乏，本地人才没有培养起来，旅游产业发展受到人才瓶颈的制约。

三、抚州市文化和旅游融合发展的对策建议

抚州市文化和旅游融合发展，需要重点从四大工程和四大体系建设着手。

（一）建设抚州文化与旅游融合发展的四大工程

1. 打造一批具有抚州特色的标志性文化旅游品牌工程

争取资溪县、南丰县创建成为国家全域旅游示范区。充分挖掘抚州本地的传统文化和文物资源，积极申报第八批全国重点文物保护单位。加快南丰跳傩、乐安傩舞、广昌孟戏、宜黄戏、抚州采茶戏、宜黄禾杠戏、黎川舞白狮等国家级非物质文化遗产的开发与保护，争取成为国家文化生态保护区。依托抚州本地的省级非遗代表，在此基础上进行升级换代，争取成为第五批国家级非遗代表性项目。依托抚州市文昌里特色文化街区，打造国家级文化产业示范园区等。

2. 建设文化创意精品工程

依托抚州市丰富的文化资源，做强 IP，积极培育和打造一批具有高质量水准的文化创意精品。如可以考虑引入中国动漫集团、华强方特集团等文化旅游集团，开发抚州本地特色的旅游 IP，以动漫形式展示抚州特色的人文故事，让抚州旅游形象更具特色内涵，并与旅游特色小镇、旅游宣传片、旅游影视剧等相结合，利用动漫粉丝群体扩大知名度和影响力。引入华强方特集团，开发抚州本地文化的主题乐园，打造集影视、购物、娱乐、餐饮、住宿为一体的综合体产品。

3. 建设文化旅游人才培养工程

依托东华理工学院本地高校以及将要引入的中央戏剧学院抚州分校区、上海戏剧学院抚州分校区，增设旅游类相关专业。依托抚州文旅投集团等大型企业设立博士后工作站，培养一批具有国际视野的高端旅游人才。东临新区建立汤显祖戏曲人才园区。争取中国戏剧学院、中国传媒大学、上海戏剧学院等国内一流戏曲院校在抚州设立戏剧分院，结合东华理工大学、汤显祖艺术传媒职业学院等本地院校，并每年邀请国内顶级的戏剧团体来交流和演出，大力培养各类戏曲人才，将抚州打造成为全国戏曲人才的培养高地和培训基地。依托北大、清华、浙大等国内一流高校和研究机构等大型旅游集团，建立一批抚州旅游人才培训基地，重点做好旅游干部、企业家、回归抚商、乡村旅游带头人的培训。

同时要建立两类旅游智库：一是依托江西省已退休的省、市级旅游部门负责人、旅游集团高层管理人员，建立旅游精英智库；二是依托抚州在外就读的硕士博士研究生，建立“抚州籍青年研究人才智库”。

4. 建设文化旅游公共服务提升工程

在加快全市文化公共服务和旅游公共服务资源整合，统筹全市文化旅游公共服务的建设和发展，打造一批公共服务示范项目，提升公共服务的品质，全面打通市快速公路通道，建设一批示范性文化旅游风景道，把分散于各县域的旅游重要节点串联起来，改善城区与乡村的空间距离，并结合风景道周边打造特色小镇，旅游度假区、A 级乡村旅游点等，带动周边区域经济发展。大力建设全市全域旅游集散中心服务体系，以抚州火车站、抚州东站为依托，建设一级文化旅游集散中心，以各县区客运站或火车站为依托，建设二级文化旅游集散中心；以抚州重点旅游乡镇文化站或重点景区为依托，建设文化旅游咨询服务中心。科学布局全市自驾车、房车营地，优化加油站、服务站、停车场、厕所、交通指示牌等配套服务，特别是在抚州东部空间有限的景区规划建设旅游换乘中心。

（二）文化与旅游融合发展的四大体系

1. 优化文化与旅游融合发展的空间体系

结合抚州未来文化和旅游融合发展趋势，在全市可以按照“一心、两带、四区”的空间配置旅游产业发展。一心指城市文化休闲中心（区域范围：临川区、东临新区、高新区、东乡区），两带指武夷西麓生态休闲带（区域范围：资溪县、黎川县、广昌县）、崇乐—云山慢生活旅游带（区域范围：崇仁县、乐安县、临川区云山镇、罗针镇、大岗镇、唱凯镇），四区指金溪古韵文化旅游区（区域范围：金溪县）、南城康养度假区（区域范围：南城县）、南丰蜜橘产业度假区（南丰县）、宜黄禅农休闲示范区（区域范围：宜黄县）。

加快建设城市文化休闲中心。临川区、东临新区、东乡区围绕汤显祖戏剧文化，建立汤显祖戏剧文化体验中心、汤显祖戏剧文化人才中心、汤显祖戏剧文化产业中心，加快文化旅游产业链的建设。建议多个文化休闲核心：支持文昌里历史文化街区创建国家 5A 景区，推动临川温泉创建省级旅游度假区、国家级旅游度假区，建设汤显祖文化休闲综合体项目，建设抚州名人动漫特色产业体验区，形成众多文化旅游大项目为支撑的休闲中心。

构建武夷西麓生态休闲带和慢生活旅游带。依托资溪、黎川、广昌在武夷山西麓的区位优势，以资溪为龙头，联动发展，加快公路交通干线建设，串联起资溪、黎川、广昌三县生态休闲产业的发展，打造武夷西麓生态文化休闲带，打响武夷西麓生态休闲品牌，提升在全国的知名度和影响力。以崇仁县、乐安县、临川区云山镇、唱凯镇、罗针镇、大岗镇为依托，建设抚州慢生活旅游带。力争铁路部门支持，恢复开通云山—抚州北—崇仁—乐安江边村的绿皮火车，将其打造成为慢生活旅游的重要载体。

建设四大特色旅游区。依托金溪古村落、古建筑以及香精香料特色产业，结合金溪独特的理学文化，打造成为古香古色为核心的金溪古韵文化旅游区。依托南城县麻姑山、洪门湖两大核心资源，加快系列康养度假旅游产品开发，提升核心竞争力，打造康养度假区。依托南丰县橘文化旅游产业集聚区，做强做优橘文化旅游产品，将橘文化与白舍宋元古窑遗址、仙人湖、军峰山等重点景区相结合，打造特色的橘文化全域示范区。宜黄县禅农旅居区。围绕宜黄县曹山寺周边大力发展养生旅游、中医药旅游、生态旅游等产品，打造特色农业休闲示范区，并与南丰县共同开发军峰山旅游发展，打造禅农休闲示范区。

2. 文化遗产利用创新体系建设

加强对全市文化遗产资源的梳理，建立抚州文化遗产名录，推动历史文化资源、红色旅游资源和非遗资源的利用改革，实施重大文化资源保护工程。以旅彰文，通过旅游方式加强各类文化资源的活化利用，加强全市文化遗产保护与利用统一规划，既要突出文化遗产整体保护，更要注重创新开发，积极开发文化遗产研学旅游、科考旅游、遗址探秘游等产品，并加强文化遗产品牌建设，结合现代科技，开发以王安石、汤显祖、曾巩等为代表性的 IP 文化创意产品，让更多的文化遗产活起来。

3. 围绕两大核心名人文化，打造文化旅游产业创新体系

围绕汤显祖戏剧文化、王安石改革文化两大核心名人文化，培育文化旅游产业创新主体。围绕汤显祖戏剧文化，建立汤显祖戏剧文化体验中心、汤显祖戏剧文化人才中心、汤显祖戏剧文化产业中心，加快文化旅游产业链的建设。推动文昌里历史文化街区创建国家 5A 景区。建立汤显祖戏曲旅游产业孵化园，重点围绕戏曲文化旅游产业链进行文化创意产业、IP、旅游策划、戏剧装备制造业等产业的发展。戏剧装备制造业可以与浙江横店联动，建立紧密的上下游

合作关系，实现强强联合，双向互赢。

围绕王安石改革文化，加快建设一批以改革创新为导向的文化旅游特色小镇，推动小镇在文化旅游的体制和政策上创新突破，积极开展景区“三权分立”、旅游用地制度改革、旅游金融制度创新等体制机制创新。在军峰山打造“华夏文化与旅游改革大讲堂”，邀请全国知名的旅游专家来此讲授文化与旅游改革创新主题的内容，将军峰山打造成为旅游改革思想之山。

4. 文化旅游传播推广体系建设

加快文化旅游传播推广，全市旅游业围绕“有梦有戏”的旅游品牌，打造系列子品牌，做强成为国际知名的特色文化旅游品牌。除了传统的旅行社、户外广告、目的地酒店推广、节事营销等形式外，还应重点做好营销进微信九宫格朋友圈、营销进主要客源地社区、营销进高校和科研院所、营销进旅游商业会议、营销进行业协会等社团组织、营销进消费场所等新型营销方式。要用好微博、微信和抖音三大平台，微博要加强宣传图片与旅游预订相结合；微信要加强“抚州旅游”的服务平台建设，加快旅游宣传、信息查询、预订、支付等一体化功能建设，真正做到“一部手机游抚州”；抖音主要面向青年人群，更多是营销抚州最生活化的一面，如抚州采茶戏、南丰傩舞等抚州地方文化。通过将新媒体和传统主流媒体相结合，打造跨区域、跨平台、跨终端的旅游营销体系，进一步扩大抚州在国内主要客源市场的知名度和影响力。

敖鲁古雅乡文旅融合发展范式演进实践探索与思考

单美娜

（北京一同行旅游规划设计研究院，北京 100080）

一、发展的成果与现实难题

敖鲁古雅使鹿鄂温克民族乡位于内蒙古自治区呼伦贝尔根河市，是中国唯一饲养驯鹿的民族，是环北极世界驯鹿人协会重要成员。现今该族群仅有不足200人，是中国最少的少数民族族群之一。自2003年生态移民搬迁至今，全乡依托驯鹿养殖业与文化旅游产业融合发展，创造了可喜成果：敖鲁古雅乡两次被授予“中国民间文化艺术之乡”称号，被列入“第四批中国传统村落名录”；是第三批全国特色景观旅游名镇名村、“中国少数民族特色村寨”、国家级3A景区，是自治区第一批文化生态保护区。2013年7月，敖鲁古雅乡成功举办了“第五届国际驯鹿养殖者代表大会”，俄罗斯、内蒙古、加拿大、芬兰、挪威、瑞典等9个国家、22个地区的代表与学者200多人齐聚敖乡参加盛会。近年来，诸多明星猎民走上荧屏，包括使鹿部落老酋长玛利亚索、民族文化代表人物巴拉杰依、画家维嘉、猎民古革军、布冬霞；诸多文艺作品包括《额尔古纳河右岸》、吉祥三宝团队创作的《敖鲁古雅》舞台剧、《最后的狩猎部落》、《敖鲁古雅的养鹿人》等等；2018年，美国国家地理与五洲传播中心联合摄制的《秘境寻踪—中国特辑》选定了三个拍摄对象，敖鲁古雅驯鹿鄂温克山林驯鹿文化生活是其中之一。近年驯鹿文化资源稀缺性凸显，敖鲁古雅乡被社会广泛关注，逐渐吸引越来越多的港澳台游客。

当前正值文旅融合发展大时代，似乎顺应当前发展成果是现实的必然，比如

［作者简介］单美娜，北京大学建筑与景观学院地理学（景观设计学）硕士，国家注册城乡规划师，风景园林中级工程师，任北京一同行旅游规划设计研究院规划总监，研究方向：社区旅游、区域发展规划、生态规划。

加快升级4A景区建设，增设更多的旅游产品品类与配套服务，延长游客停留时长，增加消费客单价，继续做大旅游经济。但是，根河市政府与敖乡政府看重的不仅仅是眼前GDP现实收益，维护敖鲁古雅驯鹿鄂温克族群健康稳定长远发展是他们一直关注的。当前旅游产业动能转换，对发展动力与目标都提出了更高要求，反观敖乡繁荣成果发展的背后，地方政府看到了支撑敖鲁古雅文化旅游未来长久发展之文化根基正面临巨大危机隐患：近十几年旅游经济让中华人民共和国成立初期尚处原始社会末期的猎民社会接触了现代化，也遭受了现代发展之困："金钱至上"的观念、文化自卑情绪在猎民社区普遍蔓延。原本狩猎与驯鹿饲养的基本生存方式不需要钱，如今的生活处处要用钱；眼下旅游经济竞争加剧，钱越来越难赚，加剧邻里之间旅游商品售卖恶性竞争，邻里关系恶化。

敖鲁古雅使鹿鄂温克是世代栖居山林以狩猎与饲养驯鹿为生的民族，驯鹿不是普通的家畜，而是他们心中的图腾，如同家人一般。如今接触现代教育，走出山林成为年轻人的普遍选择，老猎民为未来没有人来养鹿而忧愁，没有了养鹿人，驯鹿民族何以传承？青年一代为现代的发展而迷茫，"原始、落后"的民族文化与生活带给他们矛盾、纠结、困惑。他们在城市长大，向往现代的生活，现代的生活却带给他们对自己的民族历史的迷茫、发展的迷茫。近年众多社会关注的外部力量论说莫衷一是，各类作品到底给敖鲁古雅驯鹿鄂温克人族群带来了什么？只见猎民借酒消愁，似乎越来越说不明白自己的民族和文化，生活条件越来越好，离幸福却越来越远，这成为当前发展的切实难题。

二、三个基本共识

2014年12月至今，我们一直对敖鲁古雅乡进行长期跟进观察研究，每年到地调研，深度参与体验了冬季、夏季山上猎民点及敖乡新址猎民家庭生活，并完成猎民个人深度访谈若干。此次受根河市政府与敖乡政府主要领导邀请参与到敖鲁古雅乡振兴发展暨文旅融合发展项目研究中，经多次交流、讨论与碰撞，我们初步达成以下三点共识。

一是立足国家北极战略视野，重新布局敖鲁古雅乡文化旅游发展战略总体定位。2018年1月，国务院发布中国首份北极政策文件《中国的北极政策》白皮书，提出：中国是北极事务的重要利益攸关方，中国是北极事务的积极参与者与重要建设者，与各方共建“冰上丝绸之路”将为促进北极地区经济社会可持续发展带来合作新机遇。同时指出，北极土著人与国家北极政策的目标和基本原则紧密相关。尊重北极土著人的传统和文化，保护其独特的生活方式和价值观是中国参与北极资源的保护、利用与治理的重要举措。国家外交部副部长孔铉佑在发布会上特别指出：2013 年，中国成功主办了第五届世界驯鹿养殖者大会，展现了中国与北极土著人组织的良好合作。

国之交在于民相亲。敖鲁古雅使鹿鄂温克是环北极世界驯鹿人协会重要成员，随着中国北极战略的深入推进，敖鲁古雅使鹿鄂温克将成为参与国家北极战略的核心力量，这是当前敖鲁古雅使鹿鄂温克时代发展的历史性机遇，也为其未来文旅融合发展提出了更高要求。立足国家战略新使命，面向世界驯鹿文化发展格局，敖鲁古雅乡协力根河市，发挥作为中国北极文化交流窗口城市的重要作用。总体战略定位的重新布局是敖乡文旅融合发展的重要引领与格局拓展。

二是如何面对当前切实难题，有效提升支持文旅发展决策咨询的实施，有以下方面：其一，务必认识到，猎民族群社区内生原动力是有效实现健康发展的关键。转变观念，从以往外部力量推动作为主导力量，要转变为以逐步激活社区内部自驱动发展为主导力量。文化的核心问题是人，社区即成为文化的核心缔造者，外力不能越俎代庖。其二，重视规划实施过程的有效管理。不仅要科学规划地方政府自上而下的旅游发展规划，还要推动支持文化背后的底层社会生活组织及旅游生产组织方式中文化规范的制约性与引领性，自下而上，保障规划实施的现实有效性。其三，要系统化认知、研究目标对象，务必遵循其内在经济社会的发展规律，才能实现科学演进。梁漱溟定义，文化是生活的一切总和[1]。文化不仅仅是泛泛的历史变迁叙述，那些浮现于历史长河中被津津乐道的闪闪浪花，文化更是其底层鲜活的、真实的经济社会结构的演进，以及一方人民的历史创造与地方精神的凝聚。这要求我们务必突破技术标准性的、常规化的技术代入走向跨学科系统研究，以求重新认知问题，获得新的排列组合方案，为发展提供新的思路。其四，旅游产业实践是实现文化根基修复的重要途径。文化根基的修复不仅在展馆中、文献里、旅游商品的符号上，被安排、被导演的民俗节庆中，本土文化中的地方精神、基本遵循要引入人们的生产生活的广阔沃土中茁壮成长。旅游是文化最大的市场，旅游者对地方文化的欣赏将极大地推动地方特性的恢复，科学的引导可以帮助地方社区提升自我意识，不断以现实反馈加强地方文化自信，凝聚认同，是推动文化传承与发展的重要途径。如此尝试既有发展范式的突破，探寻更为接近经济、社会、文化、生态平衡式、可持续发展路径。

三是古老驯鹿文化传统与当前全球化现代文明的冲突是当今世界范围内驯鹿民族共同面临的时代两难抉择，认识到问题的普遍性，立足并充分发挥中国特色社会主义制度的优越性，推动世界驯鹿人协会成员间的交流互动，努力为世界驯鹿民族贡献中国思路与实践经验是我们共同的历史使命。居住时俄罗斯与蒙古国接壤处、有3000年历史的蒙古国最后的驯鹿人图克哈人（蒙语“Tsataan”），在西伯利亚西北、北极圈内亚马尔半岛荒野深处的涅涅茨人，芬兰北部的萨米人等其他驯鹿部族，同样面对现代化城市生活的选择，他们希望自己的孩子能够受到比自己更好的教育，有机会上大学，成为医生、艺术从业者等等孩子们喜欢的生活，但同时即面临回不去的养鹿人，与慢慢被吞噬的驯鹿文明。可喜的是敖鲁古雅乡在逐步建立自己的驯鹿文化研究会，与香港高校完成了民族口述史的编撰，并积极开展与高校、科研院所在驯鹿种群、栖息生境、驯鹿文化等领域的深入合作。桐花万里丹山路，雏凤清于老凤声，新一代猎民青年中很多都具有突出的艺术天赋与敏锐的洞察，他们将大有可为。随着工作的逐步深入，让每一个猎民的孩子更加热爱自己的民族，在获得了高等教育学位以后还有机会选择从事与自己的民族文化紧密相关的工作，重返大山林，那将是一份身份的荣誉，一份有吸引力的工作，这也是历史赋予驯鹿民族的时代责任。

三、实施策略体系建构

在实施层面的策略体系建构方面，主要表现为以下四个方面的针对性设计工作。

第一，建立敖鲁古雅驯鹿鄂温克族群地方精神与文化认知的跨学科知识体系。突破简单的历史故事叙述型的历史沿革表述、资源分类分级和评价，从历史学、地理学、人类学及社会经济组织方式等多元维度，深入研究认识使鹿鄂温克民族族群世代繁衍与生存发展历程演进规律。溯源各类史料文献、典籍，全面普查各类已有信息，结合访谈与实地调研，梳理发现，驯鹿生境的适宜性定义了使鹿人世代迁徙生存于环极地苔原林海的地理空间框架，强大的极地自然力量成为驯鹿族群世代繁衍的重要引导性与规定性能量，乃至塑造了他们的信仰与宗教；支撑文化背后的经济社会自然演进规律中呈现以“联盟”“制度”“自由”为根本遵循：尽管只有语言没有文字，极强的互惠协作联盟意识，严明的制度是贯穿驯鹿鄂温克人生产生活各个方面的重要规范与统领，并在日常潜移默化中实现了民众教化[2]。他们追求像水中的鱼儿，天空中的鸟儿一样自由，但他们深信自由应与自律为伴。正如康德所说，自由即自律，自律是最大的自由。生态哲学是其文化之底层基石，极地环境下强大的自然力量驯化了使鹿鄂温克人根深蒂固的与大山林自然生态系统和谐相处的观念，爱护大山里的一草一木，那里就是他们自己的家园，但并不据为己有，而是“共享”，在其特有的森林仓储建筑景观——“靠劳宝”，树上的仓库建设方式与使用制度中清晰可见。地方知识体系的建立是不断完善的过程，这将成为后续实践工作的基本遵循。

费孝通在《关于“文化自觉”的一些自白》中指出[3]，他的“文化自觉”理论并非从东西方文化比较研究中所得，而是在 20 世纪 80 年代末去蒙古少数民族实地调研中所意识到的。费老描述道：这个民族是长期在森林中以狩猎和饲鹿为生，世世代代传下了一套适合于林区环境的文化。因驯鹿鄂温克在历史上诸多研究中[4][5]曾通称为鄂伦春，具体待考，但充分说明，这种特殊文化形态的启示与研究价值。相比农耕文明，现代文明的底层原则迥异，在某种意义上，这种文化的差异性、多元性对我们未来面临的问题提供了一种全新的思考视角。

第二，规划过程的管理重在将地方文化精神及规范、遵循融入猎民生活的社会组织力、旅游产业实践包括其他经济生产活动的机制设计中，同时紧抓“文化自觉”“文化自信”认知建设，自下而上全面激活、重建猎民的文化认同。经多次讨论，确定族群酋长制度作为激发猎民自治实践与政府管理体系的补充，充分发挥各大姓氏家族的血缘认同，设计比选机制，将激励融入整个生产生活的组织过程中。建立以国家非物质文化遗产项目、多元生产类别与家庭邻里紧密度等多元族群联盟合作社集体经济组织方式，促进多元交叉协作，同时，政府建立统一的品牌管理与市场引导机制，弥补猎民不善计算、经营等短板，发挥其艺术创作与表达的天赋优势。引入社区营造、社区旅游等工作方法，逐步推进、弘扬优秀的敖鲁古雅精神，让坚韧、自由、共赢成为深刻融入猎民生产生活的基本遵循。

第三，遵循敖鲁古雅与大兴安岭难以分割的历史沿革脉络与区域协同发展之时局，重建立足大兴安岭总体布局的大敖鲁古雅文化空间建设与发展构想。敖鲁古雅驯鹿鄂温克人是大兴安岭最早的原住民。大兴安岭地区的大部分命名均来自鄂温克语，如敖乡西北部的“西乌其亚河”，汉语意为“阳光普照的河”，鄂温克人熟悉这里的每一座山丘、河流和森林，没有信号与导引，他们在森林里从来不会迷路。围绕“驯鹿生境保护”、大兴安岭生态承载力与山林驯鹿饲养生产活动的组织及旅游体验活动的开展各项内容，突破根河行政边界，整合老敖乡、满归镇等重点区域协同发展，建立驯鹿—使鹿鄂温克人—山林一体化的大兴安岭地区总体发展协作框架与建设体系构想。未来，在适宜的条件下，考虑重建贝加尔湖至敖鲁古雅的民族迁徙历程体验线路，为深度理解驯鹿文化内涵提供充分的空间载体支持。

第四，系统建立敖鲁古雅文化成果管理体系，构建文化研究、交流、传播与品牌一体化综合治理体系。当前关于敖乡的迁徙历史及文化渊源有多个版本的表述，文化自觉与文化自信需要从讲好自己的故事开始。目前已启动由乡政府牵头组织敖鲁古雅乡志编纂工作，同时系统收集、整理新中国成立以来各类调研报告、学术研究、各类文学、艺术作品等关于敖鲁古雅乡发展点滴的记录与创作，同时注重猎民社区的深度参与，以过程推动文化融入生活。充分发挥敖鲁古雅驯鹿文化的研究价值连接，突破工艺传授推动跨学科、多专业交流，吸引更多认同敖乡文化的人会集到敖鲁古雅。以大旅游产业为平台，发挥“流动—聚集—辐射”基本发展原理的实践价值，推动从血缘认同走向文化认同，将敖鲁古雅品牌打造成为强大的资产，让敖鲁古雅精神走出大山，走向每一个向往驯鹿文化精神的城市人，建立研究、交流、传播与品牌影响互为反馈推动正循环体系。

四、实践思考

上一个历史时期，文化旅游目的地的建设往往把文化作为资料发展旅游，旅游经济收益是产业实践的主导诉求。生活在地方本土文化中的人对自己的文化并没有形成自知之明，没有深入理解到它的来历和形成过程，更不了解未来将发展向何处，在适应新时代文化选择的时候自然无法主动掌控自主地位。在面对强大的现代文化时大部分是遭受了现代化的严重侵蚀，而现代文明中的不良品种反而得到快速传播与滋生，金钱至上、享乐主义、文化迷茫成为众多文化旅游目的地经济富裕以后普遍遭遇的成长的烦恼。当前文旅融合动能转换，文化之根基健康成为我们普遍面临的关乎文旅融合持久发展的关键问题。治愈文化根基之扰不仅要紧抓文化自觉、文化自信之文化系统建设，务必落实到文化背后的社区内生动力工作层面，落实到社会组织及生产经济组织机制的规范及文化融入上，以社会美学设计驱动地方精神的生长，将传统文化之核心精神融入切实的生产与生活中，才能从根本上让文化培育出地方独有的乡土文化体验。

敖鲁古雅驯鹿鄂温克民族的种种特殊性让文化根基之危机的感知更为敏感，也将文化传承与旅游发展之间的辩证关系呈现得更为清晰，为我们提供了重要的启示。随着各地文旅融合产业实践的不断深入，自上而下的决策咨询规划与自下而上的规划实施过程的管理紧密结合、双向互动，保障实施的有效性成为发展的必然。规划成为支持发展过程，不断精进反馈的技术服务，协调多方利益主体，实事求是的目标制定，规划从方案走向不断探求发展的动态平衡的过程。同时，我们也看到这项工作的长期性与艰巨性，建立长期的、系统的、渐进式的工作体系至关重要。随着文旅融合产业实践的不断深入，直面重要问题的关键方面成为问题的解决获得新的突破式发展的必经之路。

【参考文献】

［1］梁漱溟.中国文化要义［M］.上海：上海人民出版社，2011.

［2］秋浦.鄂温克人的原始社会形态［M］.北京：中华书局，1962.

［3］费宗惠，张荣华编.费孝通论文化自觉［M］.呼和浩特：内蒙古人民出版社，2009.

［4］（日）永田珍馨.驯鹿鄂伦春族［M］.额尔古纳左旗，1985.

［5］史禄国.北方通古斯的社会组织［M］.呼和浩特：内蒙古人民出版社，1984.

基于草原文化视域的内蒙古文化与旅游融合发展探析

周永振[1]，王其格[2]

（1.赤峰学院旅游与文化产业发展研究所，内蒙古 赤峰 024000；
2.内蒙古社会科学院草原文化研究所，内蒙古 呼和浩特 010010）

【摘　要】文化与旅游的融合是产业发展的必然趋势和要求，文化与旅游联动发展具有天然的耦合性和共同的现实需求基础。当前，内蒙古旅游具有明显季节性特征，这种季节性在旅游资源、旅游活动和整个旅游业中都有体现，就其深层次原因分析是因为内蒙古旅游活动仍以自然观光为主，旅游活动开展时间偏重夏季，文化旅游仍显不足。内蒙古旅游的实际发展，迫切需要以草原文化为纽带，推动文化与旅游的深度融合，探讨产业提升的新模式，从而增加旅游吸引力，提升内蒙古旅游的品质，打造四季皆宜的旅游目的地。

【关键词】草原文化；内蒙古；文化与旅游；融合发展

一、内蒙古文化与旅游融合发展现状

（一）文化资源优势明显

内蒙古文化资源优势突出表现为体量大、品质高、组合度好，为发展旅游业提供了深厚的文化基础。同时内蒙古地域辽阔，东西跨度较大，文化资源各具特色，内蒙古作为文化大区，拥有数量众多、独具北方少数民族特色的物质文化遗产和非物质文化遗产。根据内蒙古文化资源普查显示，内蒙古现有各类文化遗存 2.2 万处（其中文化遗址 2.1 万多处，博物馆 300 多处）、非物质文化

[作者简介]周永振（1979—），男，汉族，副教授，赤峰学院旅游与文化产业发展研究所所长，主要从事文化与旅游融合发展研究，E-mail：mengd007@sina.com。王其格（1961—），男，蒙古族，研究员，内蒙古社会科学院草原文化研究所所长，长期从事草原文化及文化产业等方面的研究。

遗存近 6000 多项（其中节日 549 个、英雄史诗 798 篇、生产商贸习俗 1182 项、消费习俗 1225 项、人生礼仪 237 项、岁时节令 177 项、民间信仰 736 项、民间知识 778 项、传统体育与竞技 484 项）。内蒙古文化资源具有大分散、小集中的特点，草原风情、民族文化、北国风光、口岸边境等文化、旅游资源独具特色，在全国具有明显的优势。

（二）文化旅游产品日益增多

依托丰富的文化旅游资源，经过三十年的发展，内蒙古建设了一大批品质优良的文化旅游景区。截至 2017 年，内蒙古 372 家 A 级景区中，文化类景区 131 家，占全部 A 级景区的 35%，其中历史古迹类景区 39 家，博物馆类景区 37 家，民族民俗类景区 6 家，红色旅游类景区 26 家，其他（主题公园等）23 家。内蒙古乡村旅游发展文化特色突出，乡村旅游文化氛围浓厚。截至 2017 年，内蒙古以浓郁的乡村文化、多彩的游牧文化、朴素的林区文化作为吸引物，以特色餐饮住宿活动为载体的乡村旅游接待户达到 4317 家，其中星级乡村旅游接待户 462 家，累计帮助 4.4 万人脱贫。基于文化旅游的蓬勃发展，内蒙古“十三五”旅游规划提出了以文化为核心的四大区域旅游品牌，即敕勒川现代草原文明核心区（呼和浩特市、包头市、鄂尔多斯市、巴彦淖尔市）、环京津冀草原风情旅游区（乌兰察布市、锡林郭勒盟、赤峰市）、大兴安岭全生态旅游区（呼伦贝尔市、兴安盟、通辽市）、阿拉善秘境探险旅游区（乌海市、阿拉善盟）。

（三）文化体验旅游吸引力不断凸显

从游客需求来看，2017 年国内旅游抽样调查显示，到访内蒙古的游客对文化类活动最感兴趣（调查为多选），其中对民族歌舞类活动感兴趣的占 52.48%，对民族风情类感兴趣的占 37.53%，对民族生产生活方式感兴趣的占 28.75%。从旅游商品销售来看，文化类商品也占到绝对优势（调查为多选），其中对民族食品感兴趣的占 44.7%，对民族服饰感兴趣的占 39.03%，对工艺品感兴趣的占 26.67%，对民族生活用品感兴趣的占 20.5%。总体而言包含深厚民族文化因子的旅游产品是内蒙古旅游市场最需要的产品。

（四）文化与旅游融合程度仍然偏低

近年来，内蒙古文化、旅游相互融合、相互促进，取得了一定的经济效益和良好的社会效益，但是，文化与旅游融合发展仍面临着文化内涵挖掘不深、产品特色不鲜明等问题，文化与旅游融合发展现状与当前日益增长的市场需求还不能完全适应，有待进一步推进文化与旅游深度融合发展。

一是旅游的文化体验不到位。根据调查，到访内蒙古的国内游客普遍认为内蒙古要好于来之前的想象，满意以上游客（包括表示满意、比较满意或非常满意）占游客总数的90%以上[1]。但国内游客普遍认为内蒙古旅游的体验单一，无突出主题形象，综合体验不丰富、不到位，缺少文化内容，旅游消费欲望普遍不强，造成大量游客在旅游过程中显示出低端消费特征。国内游客普遍对内蒙古物质遗产旅游真实性满意，但对非物质文化遗产真实性的体验没有被充分满足，往往使得游客带着遗憾离开。虽然内蒙古接待的国际游客规模不大（2017年内蒙古接待入境旅游者184.83万人次，除蒙古国入境旅游者92.26万人次、俄罗斯入境旅游者77.9万人次外，其他常规入境旅游者为14.67万人次），但普遍是对中国和草原文化极其感兴趣的人，对于这些国际游客，体验草原文化是其旅游的主要目的。

二是优势旅游资源开发文化品位偏低。内蒙古旅游活动目前仍以草原旅游为主，草原资源及其衍生品开发文化品位仍有不足，文化旅游还未有效成为旅游主力，导致旅游具有明显的季节性，旅游旺季只有不足三个月的时间，而旅游淡季在九个月左右，基本没有平季。旅游仍以传统的景点观光形式为主，2017年国内旅游抽样调查显示，到访内蒙古的国内游客中以1~2天的短期观光为主，占到51.52%，停留时间较长的度假、休闲等高端旅游方式较少。可以说，内蒙古旅游目的地建设目前仍处于非均衡发展的阶段，除了旅游本身的吸引力以外，商业服务和公共服务等旅游软环境建设也相对滞后。大众旅游时代的到来，散客已经占内蒙古游客数量的90%以上，青年人更是成为内蒙古旅游的主力（25~44岁游客占比为64.44%）[2]，迫切要适应时代的变化和要求，进行战略再定位，改变过去以团队接待为主的景点旅游模式，转变为以接待散客为主的全域旅游模式。

二、内蒙古文化与旅游融合发展的重点

（一）以草原文化为纽带

旅游的过程是旅游者身体力行的精神享受过程，对于游客而言，引人入胜、

印象深刻的不仅仅是优美的自然风光，还有当地独具特色的文化。对旅游的体验，既有对古老生活方式及其遗迹的流连，也有对自己所不熟悉的社会生活方式的观察，不仅是古代与现代纽带，同时有对物质文化和非物质文化的体验，其目的是为了改变原有的生活形态，因此文化旅游逐渐受到游客的青睐。

草原文化是一种与草原生态环境相适应的文化，呈现出传统与现代、地域与民族相统一，多种类型并存的复合型文化形态，其内容异常丰富，具有民族性、开放性和世界性的特点。草原文化是内蒙古文化的代表，是内蒙古各类文化资源的集中体现，是在内蒙古旅游的游客所需找的符号，也是内蒙古文化与旅游融合发展的最佳纽带[3]。全面系统地挖掘草原文化，赋予内蒙古旅游丰富的文化内涵，是内蒙古旅游业发展的当务之急。

以草原文化体验为内涵的旅游活动，归属于文化旅游的范畴。世界旅游组织（World Tourism Organization，UNWTO）将文化旅游定义为“一种与文化环境包括景观、视觉和表演艺术和其他特殊地区生活形态、价值传统、事件活动，和其他具有创造和文化交流过程的一种旅游活动”。由此可以看出文化旅游作为一种旅游形式基于健康的、商业的旅游原因，是以感受真实文化而进行的旅游活动，主要是对一些独特的、富有地方色彩的景观的欣赏[4]。

内蒙古应着力构建旅游中的草原文化体验。草原文化是内蒙古旅游市场不可替代的强大吸引力，全面系统地挖掘草原文化，赋予内蒙古旅游丰富的文化内涵，是内蒙古旅游业发展的必由之路。应以草原文化为依托加强旅游解说体系、开发文化旅游产品、提升旅游吸引力，把内蒙古旅游由单纯的自然观光，逐渐演变为“自然观光＋文化体验”，不仅仅“绿草原”是内蒙古的旅游符号，春秋季节的“黄草原”、冬季的“白草原”、与大自然和谐的“文化草原”同样也是内蒙古的旅游符号，把传统的草原景观由一季可游变成四季可游，为内蒙古打下适宜四季旅游目的地的夯实基础。

（二）进一步明确发展目标

在总体目标上应围绕《内蒙古自治区人民政府关于推进自治区文化旅游融合发展的实施意见》（内政发〔2017〕133 号）的定位要求开展工作，大力推动文化与旅游的深度融合，以文化提升旅游的内涵，以旅游扩大文化的传播和消费。注重文化与旅游的资源融合、技术融合和功能融合，不断增加旅游吸引力，提升内蒙古旅游的品质，将内蒙古打造成为国内外知名的旅游目的地。

在发展模式上应大力提倡以旅游为核心的文旅结合模式。旅游产业规模和效益较大程度上依赖于完善的产品功能结构，内蒙古当前以历史文化为主的人文资源开发有待提高，要着力促进自然资源与人文资源有机结合起来，进行综合开发，构筑完整的旅游产业链[5]。

在具体行动计划上应以项目建设为核心。在“十三五”期间不断推进文化与旅游快速融合发展，不断完善相关配套政策措施，促进产业不断优化，新增一批文化旅游大项目，培育一批特色文化旅游品牌，举办系列文化旅游活动，力争在“十三五”末文化、旅游产业增加值占内蒙古 GDP 的比重分别达到 10%，成为国民经济支柱产业。在“十四五”期间，实现文化与旅游深度融合，文化旅游产业发展的主要指标位居全国前列。

三、促进内蒙古文化与旅游融合发展的建议

大众旅游时代的到来，旅游成为常态化的生活选项，消费升级倒逼旅游供给侧创新，要努力挖掘旅游全产业链的文化内涵，在旅游“食、住、行、游、购、娱”全产业链上创新产品，提高服务质量，打造一体化服务体系，提高游客满意度，是内蒙古文化与旅游融合发展的当务之急。

（一）“食”：着力打造特色餐饮文化

积极鼓励和支持发展特色餐饮，努力提升餐饮服务质量，在注重弘扬文化蒙餐同时，培养内蒙古特色餐饮品牌，推进有实力餐饮企业发展成为运作规范、辐射面广、品牌知名、竞争力强的餐饮企业集团，如西贝、鄂尔多斯文化蒙餐等，实现特色餐饮“走出去”的战略。

（二）“住”：注重住宿品牌创建与业态拓展

为适应内蒙古旅游业发展要求，应构筑以国际品牌酒店为龙头，星级酒店为主体，经济型酒店为补充，主题酒店、社会宾馆、家庭旅馆、乡村民宿为特色的住宿服务体系。特别是针对内蒙古主题酒店较少（如内蒙古饭店是内蒙古唯一的草原文化主题酒店），应在突出文化内涵和消费者认同的基础上，大力倡导文化与个性的内蒙古特色主题酒店建设，在凸显文化特色的同时也不断扩大旅游消费。

（三）"行"：围绕典型文化夯实精品旅游线路

以提高内蒙古旅游可进入性、旅游交通安全性、游客满意度为指导思想，积极完善交通旅游项目，不断增强精品旅游线路通行能力。围绕已经成型的四条精品旅游线路的建设（第一条线是呼伦贝尔—兴安盟的草原、森林、冰雪、边贸旅游线路；第二条线是锡林浩特—赤峰的草原、蒙古族文化、辽文化、地质奇观、温泉度假线路；第三条线是呼和浩特—包头—东胜的蒙古族文化、草原、沙漠观光旅游线路；第四条线是阿拉善盟的宗教朝圣、居延文化、航天科普、沙漠观光旅游线路），逐步完善公路、铁路、航空等配套设施建设。特别是完善主要旅游城市机场巴士、机场正规出租车（打通最后一公里）等方面，不断加强建设，逐步提升旅游的可进入性。

（四）"游"：加强文化景观建设

以高等级景区（3A 级、4A 级和 5A 级）的提质升级为重点，文化类景区要提升文化品位，自然类景区要注入文化内涵。支持重点文博单位的旅游开发，对重大遗址公园（如元上都、祖陵遗址、辽上京等）、代表性历史博物馆（古长城文化、蒙元文化、万里茶道等）都要进行创建高等级旅游景区的可行性研究，推动文化传承保护与旅游开发相融合、相促进，打造一批内蒙古文化旅游知名品牌。

针对呼和浩特市 2017 年游客人数（1915.58 万人次）、旅游收入（735.22 亿元）、游客平均停留天数（3.87 天）均居内蒙古第一，却没有一家 5A 级景区的现状，重点把昭君博物馆、老牛湾黄河大峡谷旅游区等具有较大影响力的特色文化主题景区打造成为 5A 级景区，在促进其规范化管理和服务提升的同时，进一步增强内蒙古首府的旅游吸引力。

（五）"购"：符号化设计旅游纪念品

结合内蒙古实际情况，以草原文化在旅游纪念品设计元素（主要是材质、色彩、功能等符号）的加工与整合应用为核心，推出一系列可以承载内蒙古特色的物质和精神文化价值的特色旅游纪念品，旅游纪念品设计开发应体现出以系列化为主，如同一主题系列化、同一功能系列化、同一材质系列化、同一要素系列化、同一序列系列化等，同时注重旅游纪念品设计的知识保护，应尽早出台相关《内蒙古自治区传统工艺美术保护条例》等相关文件、法规，保护原创，并建立工艺美术作者或作品外观设计著作权、专利权备注登记制度，提高以工艺美术作品为主的旅游纪念品制作人的积极性，拓展和繁荣内蒙古旅游纪念品市场。

（六）“娱”：文化品牌化、活化娱乐产品

第一突出以体验性和参与性的节庆活动定位。应努力按照“文体搭台、旅游牵线、经贸唱戏、富民增收”的原则，围绕内蒙古特色文化旅游资源，创新发展理念，创意文化品牌，打造旅游精品，力争把内蒙古旅游节庆活动打造成“文化盛会、群众节日、发展平台”，如包头市达茂旗举办的“中国游牧文化旅游节”设计为三个主题板块，每个板块均由文化、体育、旅游、经贸四大活动组成，共计 168 项活动，活动时间近百天，有利于游客有针对性地选择参与活动项目。

第二推出有文化内涵的演出。当前内蒙古主要旅游城市，在旅游旺季都有针对游客的文艺演出，如呼伦贝尔市（海拉尔区）《敖鲁古雅》（2011 年）、兴安盟（阿尔山市）《梦幻阿尔山》（2013 年）、阿拉善盟（额济纳旗）《阿拉腾陶来》（2013 年）、包头市（达茂旗）《红格尔敖包祭祀》（2013 年）、呼和浩特市《千古马颂》（2017 年，2014—2016 年设在锡林郭勒盟）、锡林郭勒盟（锡林浩特市）《蒙古马》（2017 年）等，但赤峰市、包头市、乌兰察布市等内蒙古主要旅游城市在旅游旺季仍没有成型的、供游客观看的文艺演出，致使游客在内蒙古的旅游消费不足、停留时间较短，应根据实际并借鉴其他地区成功经验，采用“演出场地免费使用、定向补助”的形式，招商打造室内歌舞剧，在旅游旺季晚间面向游客定时演出，有助于提升旅游消费，增加旅游产业链附加值。

【参考文献】

［1］内蒙古自治区旅游发展委员会.内蒙古自治区旅游业盟市旅游大数据统计分析报告［Z］.2018.3.
［2］内蒙古自治区旅游发展委员会.内蒙古自治区旅游业2017年发展统计分析报告［Z］. 2018.3.
［3］周永振.旅游文化概论［M］.武汉大学出版社，2010.
［4］周永振.巍巍大兴安 梦幻阿尔山——内蒙古阿尔山旅游扶贫调研报告［M］.中国旅游出版社，2015.
［5］内蒙古自治区人民政府.内蒙古自治区人民政府关于推进自治区文化旅游融合发展的实施意见（内政发〔2017〕133号）［Z］.2017.

关于东兴京族文化保护传承与社区旅游治理模式的几点思考

张　敏[1]，许成羽[2]

（1.西班牙罗维拉依维尔基里大学旅游与地理学院，西班牙 塔拉戈纳省维拉塞卡市 43480；2.东兴市文化广电体育和旅游局，广西 东兴 538100）

广西旅游资源丰富、得天独厚。在“老、少、边、山、海、寿”众多特色要素中，东兴这个边境小城就几乎占尽了一切可能：它是中国与东盟海陆相连的起点，内有十万大山屏峰雨林、中越北仑河口、京岛金滩等优质旅游资源；更有全国唯一的海洋少数民族——京族，及其独弦琴、哈节等国家级非物质文化遗产等独一无二的文化资源。因此，东兴具备发展以京族少数民族文化为核心的边海风情旅游的比较优势。

东兴所在的防城港市于 2018 年 4 月获批全国边境旅游试验区，标志着边境旅游进入了转型发展新阶段。防城港试验区提出建设成为全国一流的边境旅游目的地的目标，其中中越边关风情旅游区作为重要内容首当其冲。这为东兴作为边境旅游目的地深度融入我国“一带一路”的宏观战略提供了重要契机。

东兴旅游自恢复异地办证以来就实现了突飞猛进的增长，成功经受了市场的检验。2015 年东兴口岸总出入境人数为 611 万人次，2017 年就几近突破千万人次。2018 年再创历史新高，上半年经东兴口岸出入境人数同比增长 29%，达 601.1 万人次；日均客流量达 3.3 万人次，单日出入境人流量最高纪录达 4.5 万人次。京岛金滩的旅游接待量从 2013 年的 68 万人次，经 3 年就翻番，2017 年达到 141 万人次。边境旅游发展潜力巨大、前景向好。

东兴地处中越边境，是维护国家主权、安全和发展利益的第一线，也是深化与越南乃至东盟各国合作交流的重要平台。国之交在于民相亲，跨境民族在这当中起到关键性桥梁作用。京族是我国唯一的海洋少数民族，与越南主体民族同根同源，移居京岛500多年至今，仍然与越南语言相通、习俗相近、民间交往友好而频繁。从1991年中越关系正常化以来，东兴发展边境旅游的近30年间，京族生计也随之经历了种种跌宕起伏。这也体现在边境旅游的独特性。

第一，跨境民族是边境旅游发展的先锋主体。以万尾金滩为例，世居海边的淳朴京族人家是最先将自家的捕鱼成果与来访者分享，逐渐带动了海边其他旅游经营，形成了以京哈风情为主旋律的边海旅游特色。

第二，旅游业仅是跨境民族的生计选择之一。中国东兴—越南芒街跨境经济合作区的建设为零语言障碍的京族提供了实实在在的经济机会。跨境商贸、海产品加工等都是京族长期以来从事的较为稳定的行业。因此，旅游对京族人来讲只是可选项之一，只有在政策利好、条件具备的情况下，才是优选项。

第三，边境旅游的文化特色离不开跨境民族社区的参与。东兴以“边关风情、民族特色、东盟元素”三融合为旅游开发的引领理念。全力打造的民族风情亮点，包括整合京族哈节、京族原生态歌舞演艺、界河中越联欢等民俗风情，都离不开京族的参与，否则旅游产品将失去原真性，大大降低游客的旅游体验；目的地可能成为文化空壳而名不副实。

由此可见，边境地区大力发展基于跨境民族文化的社区旅游具有特殊意义。

首先，京族人民深度参与到当地社区旅游发展有益于降低传统渔业生计的风险，增加经济收入、提升生活品质。这正符合《中华人民共和国国民经济和社会发展第十三个五年规划纲要》和《兴边富民行动“十三五”规划》等中央文件都提出边境旅游试验区建设是兴边富民的重要内容。

其次，京族是我国小小民族，人口只有不到3万，其重要的文化传统，如京族独弦琴、京族哈节等国家级非物质文化遗产、高跷捕鱼、京族服饰技艺等现已濒临失传。自2015年以来，中央、自治区两次拨付专款修建、修缮“京族文化保护与传承中心”，可见对保护和传承京族文化的重视。京族文化是东兴边境旅游的“灵魂”，只有京族人民的直接参与并从中受益，才能不断为当地边境旅游的发展提供源源不断的养分。

最后，跨境民族直接参与当地旅游发展是边境安宁稳定的重要保障。“设立边境旅游试验区是党中央、国务院从经济社会发展全局做出的重大决策，是探索维护国家安全、稳定与发展并举的重要创新模式。”我国与越南的陆地边界于

2008 年刚刚划定，跨境民族是边境地区的日常使用者和守护者。一方面，边界地区依靠两国跨境民族的日常生活交往来维护和平友好、共同发展；另一方面，边界地区依靠旅游业政治敏感度低、产业合作性强的优势，起到进一步夯实边境地区稳定的民意基础，从而保证边境地区的长治久安。

综上所述，跨境民族直接参与边境旅游发展的必要性与重要性显而易见。那么，政府在新的形势下，应该如何做出调整，以适应边境地区的社区旅游转型发展，形成利于各方利益的可持续发展治理模式呢？我们在这里分享几点思考以抛砖引玉，希望引起更多探讨。

首先，旅游发展思路是“基于现实”还是“忠于规划”值得进行深度思考。以京岛金滩为例，自 20 世纪 90 年代到 2015 年，经过两轮征地之后遗留的不同类型的土地问题是目前京岛旅游开发陷于两难境地的主要根源。一方面，当地社区居民自发自主经营的旅游实体不愿将生计来源“让位”于规划所设想的外来投资商；另一方面，为了提升京岛旅游的规格和品质，规划中动辄上百亿的整岛开发的大项目，长期以来无法匹配合适的投资商。而这两者看似南辕北辙的发展思路归根结底并非水火不容，政府和居民就旅游开发的预期结果和最终的目的都是希望提升旅游服务品质和目的地形象，进一步改善民生状况。只是达成的方式需要切实使京族村落基层民主达成的建议以有效通道进入当地旅游开发的决策环节，双方相互真诚探讨、在执行过程中互相信任、支持，在双方达成共识的基础之上凝聚成为长期共享资源、共同协商、互惠共赢的合力。

其次，营造稳定的投资环境是社区内部自主投资经营或吸引外部投资的基石。土地遗留问题长期以来不仅造成社区居民在自主旅游开发、经营过程中心理上的不安和顾虑，也是外来投资商投资风险增大、利益无从得到保障的根本原因。由此造成京岛管理工作就在不断的整治金滩风貌、拆除经营设施，或不得不暂时容忍违规做法，以及寻找实力雄厚的开发商之间间歇性摇摆。社区居民不是在观望不同规划不时出台，就是在等待规划落地的漫长过程中抱着稀薄的期待，甚至侥幸，希望规划实施得晚些、再晚些，可以争得多一点时间积累生计资源。有时索性想要自行投资大干一场，但这样热切的心情和想法常常被理性搁置、否定，毕竟这既不符合规划，又冒太大被拆除的风险。因此，土地问题不解决，旅游投资环境难以得到根本性改善。

最后，本土特色文化的保护与传承以及外来资本进入的时机是边境旅游目的地治理的关键所在。本文前面论述了为什么跨境民族及其文化传统对于边境旅游发展意义重大。但这并不意味着否定外来资本可能对民族边境目的地做出的贡献。而是取决于资本进入的时机。目前京族社区担忧的是，假如发展初期就由外来资本挖掘、包装、打造京族文化，可能会形成仅仅做给游客看的肤浅形象，不一定是京族人认同的京族文化，这进而会造成游客对目的地文化误读的问题。但如果当地已经有了以京族文化为基调的特色社区旅游的基础，即使外来资本进入，也无法改变已有广泛基础的当地文化认同。因此，一要尽量避免出于旅游开发而按照规划进行社区整片搬迁，因为京族人民一旦脱离了世代生存的空间，就失去了文化发展的土壤，旅游目的地的文化品牌也就失去了现实依托；二要鼓励社区参与旅游发展的积极性，培育强大的当地文化旅游的原动力；三要选准恰当时机引进外来资本作为当地旅游发展的加速器。这样既通过社区旅游发展保护和传承了边境地区的民族文化特色，也不违背现代化发展的趋势与进程，在社区利益得到根本性保障的基础上，以资本运作来锦上添花，目的地的发展将如虎添翼。如此形成边境旅游目的地的可持续治理模式。

总之，边境旅游已经成为边境地区的重要产业，只有保护、传承当地京族文化，不被规划所“绑架”，让更多的跨境民族和社区得到实实在在的利益，才能不断带动边境地区的整体经济发展、促进边境地区和谐稳定、民族团结，与周边国家的睦邻友好，切实推动“一带一路”倡议的实施。